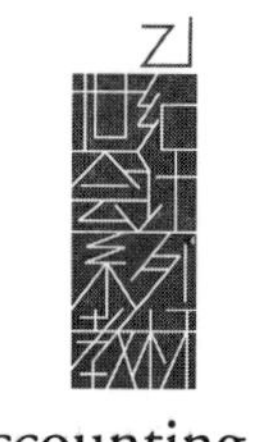

Accounting Classics 21世纪会计系列教材

Study Guide to Tax Accounting & Tax Planning

《税务会计与税务筹划》（第六版）学习指导书

张孝光　编著　盖　地　审阅

中国人民大学出版社
· 北京 ·

前　言

2012年，为适应我国税收制度和会计准则、制度的新变化，由我编著的《税务会计与税务筹划》（第六版）出版，主教材的配套学习指导书也随之进行修订，以适应对主教材的教学、复习和自学需要。

本学习指导书，除按主教材新版本对内容进行更新外，还有以下变化：

一是结构调整。将每章的学习指导与参考答案、每套模拟试题与参考答案不再各自分列，而是紧随其后。也就是将每章的参考答案放在学习指导之后，将每套模拟试题的参考答案放在试题之后。这样，全书由原来的四部分变为两部分。

二是增加并调整栏目。每章增加学习目标、学习指导新栏目，将原来各章的单项选择题、多项选择题、计算题、业务题、案例题栏目统一称为“练习题”，将上述各种题型作为“练习题”的二级栏目，并增加名词解释题型。

本次修改由学习指导书原编者张孝光副教授负责，由我审阅。由于我们的水平有限，书中难免存在缺憾，诚望广大读者不吝指正。

盖地

于天津财经大学会计与财务研究中心

目　录

第一部分　学习指导及参考答案

第二部分　模拟试题及参考答案

第一部分

学习指导及参考答案

第 1 章

Chapter 1 税务会计总论

学习目标

本章从税务会计的概念出发，重点分析了税务会计的特点、原则、基本前提等问题。通过本章的学习，应当掌握税务会计要素及其关系，以及与财务会计的异同；理解税务会计的目标和基本前提；了解税务会计的产生及其发展。

学习指导

1. 学习重点：(1) 税务会计要素及其与财务会计要素的异同；(2) 税务会计的基本前提；(3) 税务会计的原则。

2. 学习难点：税务会计与财务会计的联系及区别。

练习题

一、名词解释

1. 税务会计　　2. 计税依据　　3. 应税收入

二、单项选择题

1. 税务会计是以（　　）为准绳，运用会计学的理论和方法，连续、系统、全面地对税款的形成、调整计算和缴纳，即企业涉税事项进行确认、计量、记录和报告的一门专业会计。

A. 会计制度　　B. 会计准则

C. 国家税收法令　　D. 会计法

2. 税务会计作为一项实质性工作并不是独立存在的，而是企业会计的一个特殊领域，是以（　　）为基础的。

A. 企业会计　　B. 财务会计
C. 管理会计　　D. 税收会计

3. 税务会计既要保证依法计税，又要尽可能地争取纳税人的最大税收利益，是指（　　）。

A. 合理性原则　　B. 税款支付能力原则
C. 历史（实际）成本计价原则　　D. 筹划性原则

4. 在税务会计的原则中，（　　）原则属于定性原则而非定量原则，具有较大的弹性空间。

A. 配比性　　B. 确定性　　C. 合理性　　D. 筹划性

5. 关于纳税主体以下说法正确的是（　　）。

A. 纳税主体必须是能够独立承担纳税义务的纳税人
B. 会计主体一定是纳税主体
C. 纳税主体作为代扣（收）代缴义务人时，纳税人与负税人是相同的
D. 纳税主体与财务会计中的会计主体（会计实体）一定等同

6. 纳税能力体现的是（　　）。

A. 合理负税原则　　B. 配比原则
C. 相关性原则　　D. 实现制与应计制原则

7. 税务会计的（　　）原则体现在所得税负债的计算，是指纳税人当期可扣除的费用从性质和根源上必须与其取得的收入相关。

A. 配比　　B. 确定性　　C. 相关性　　D. 合理性

8. 以下说法错误的是（　　）。

A. 应税收入是企业因销售商品、提供劳务等应税行为所取得的收入，即税法所认定的收入
B. 应税收入与财务会计收入（简称会计收入）有密切联系，但不一定等同
C. 对应税收入的确认和计量，一般是按财务会计原则和标准
D. 如果纳税人发生非应税行为或免税行为，其所取得的收入也是应税收入

9. 在税收理论中被称为税基的是（　　）。

A. 应税收入　　B. 计税依据
C. 税率　　D. 允许扣除的费用

10. 我国税务会计的类型为（　　）。

A. 以所得税会计为主体的税务会计
B. 以流转税会计为主体的税务会计
C. 流转税与所得税并重的税务会计
D. 以财产税为主体的税务会计

三、多项选择题

1. 由于各国税制结构体系不同，税务会计一般有三种类型。以下适合我国的类型有（　　）。

A. 以所得税会计为主体的税务会计

B. 以流转税（商品税）会计为主体的税务会计

C. 流转税与所得税并重的税务会计

D. 以财产行为税会计为主体的税务会计

2. 税务会计的特点是（　　）。

A. 税法导向性　　B. 税务筹划性

C. 协调（互调）性　　D. 广泛性

3. 税务会计与财务会计的区别主要表现在以下方面（　　）。

A. 目标不同　　B. 对象不同

C. 核算基础、处理依据不同　　D. 计算损益的程序不同

4. 税务会计的对象主要包括以下几个方面（　　）。

A. 计税基础和计税依据

B. 税款的计算与核算

C. 税款的缴纳、退补与减免

D. 税收滞纳金与罚款、罚金

5. 税务会计的一般原则包括（　　）。

A. 税法导向原则　　B. 一致性原则

C. 相关性原则　　D. 合理性原则

6. 税务会计信息的使用者包括（　　）。

A. 各级税务机关　　B. 企业的经营者

C. 企业的投资者　　D. 社会公众

7. 以下属于税务会计要素的有（　　）。

A. 计税依据　　B. 税率

C. 应税收入　　D. 扣除费用

8. 税务会计信息的使用者包括（　　）。

A. 各级税务机关

B. 债务人

C. 企业的经营者、投资者、债权人

D. 社会公众

9. 影响应纳税额的因素有（　　）。

A. 计税依据　　B. 税率

C. 纳税期限　　D. 减免税规定

10. 税务会计要素是税制构成要素在税务会计中的具体体现，它们之间的两个会计等式为（　　）。

A. 组成计税价格×税率=应纳税额

B. 计税依据×适用税率（或单位税额）=应纳税额

C. 应税收入-必要费用=应税所得

D. 应税收入-扣除费用=应税所得

参考答案

一、名词解释

1. 税务会计，是以国家现行税收法规为准绳，运用会计学的理论和方法，连续、系统、全面地对税款的形成、调整计算和缴纳，即企业涉税事项进行确认、计量、记录和报告的一门专业会计。

2. 计税依据，是税法中规定的计算应纳税额的根据。

3. 应税收入，是企业因销售商品、提供劳务等应税行为所取得的收入，即税法所认定的收入。因此，也可称为法定收入。

二、单项选择题

1. C　2. B　3. D　4. C　5. A

6. A　7. C　8. D　9. B　10. C

三、多项选择题

1. ABC　2. ABCD　3. ABCD　4. ABCD　5. ACD

6. ABCD　7. ACD　8. ACD　9. ABD　10. BD

第 2 章

Chapter 2 纳税基础

学习目标

本章阐述了税收的概念、税制构成要素、税收征纳制度及纳税人的权利义务。通过本章的学习，应当掌握税制构成要素；理解纳税人的权利和义务。

学习指导

1. 学习重点：税制构成要素，各种税制要素的含义。

2. 学习难点：税收征纳制度，包括税务登记制度、会计管理制度、纳税申报制度和税款缴纳制度。

练习题

一、名词解释

1. 税收	2. 税目	3. 税率
4. 税务登记制度	5. 纳税申报制度	6. 税款缴纳制度

二、单项选择题

1. 税收的产生必须具备的两个前提条件是（　　）。

A. 一是国家的产生和存在；二是私有财产制度的存在和发展

B. 一是国家的产生和存在；二是公有财产制度的存在和发展

C. 一是国家的产生和存在；二是计划经济的存在和发展

D. 一是国家的产生和存在；二是市场经济的存在和发展

2. 税制构成要素中，用以区分不同税种的项目是（　　）。

A. 税率　　B. 征税对象　　C. 纳税人　　D. 税目

3. 在税制的构成要素中，(　　) 是计算应纳税额的尺度，体现课税的深度。

A. 纳税对象　　B. 纳税期限

C. 税率　　D. 税目

4. 我国目前采用超额累进税率的税种为 (　　)。

A. 企业所得税　　B. 土地增值税

C. 个人所得税　　D. 契税

5. 我国目前采用超率累进税率的税种为 (　　)。

A. 印花税　　B. 房产税

C. 资源税　　D. 土地增值税

6. 从事生产、经营的纳税人领取工商营业执照 (含临时工商营业执照) 的，应当自领取工商营业执照之日起 (　　) 日内申报办理税务登记。

A. 15　　B. 30　　C. 45　　D. 60

7. 纳税人发生解散、破产、撤销以及其他情形，依法终止纳税义务的，应当自有关机关批准或者宣告终止之日起 (　　) 日内，持有关证件和资料向原税务登记机关申报办理注销税务登记。

A. 15　　B. 30　　C. 45　　D. 60

8. 纳税人、扣缴义务人的会计凭证、账簿、完税凭证、发票、出口凭证和其他有关涉税资料，应当保存 (　　) 年 (法律、法规另有规定的除外)。

A. 5　　B. 10　　C. 15　　D. 20

9. 纳税人确有特殊困难不能按期缴纳税款时，要经省级税务局批准，方可延期缴纳税款，期限最长不超过 (　　)。

A. 1个月　　B. 2个月　　C. 3个月　　D. 6个月

10. 纳税人未按规定缴纳税款的，从税款滞纳之日 (应缴税款期限届满之次日) 起，按日加收滞纳税款 (　　) 的滞纳金。

A. 1‰　　B. 3‰　　C. 5‰　　D. 0.5‰

11. 根据税法规定，有义务从其持有的纳税人收入或从纳税人收款中按其应纳税款代为缴纳税款的单位或个人为 (　　)。

A. 代征人　　B. 代扣义务人

C. 代缴义务人　　D. 扣缴义务人

12. 定额税率是税率的一种特殊形式，一般适用于 (　　) 的某些税种、税目。

A. 从价加从量征收　　B. 从价征收

C. 从量征收　　D. 以上都不对

13.《中华人民共和国税收征收管理法》（以下简称《税收征管法》）及其实施细则规定，从事生产经营的纳税人应当自领取（ ）之日起15日内，将其财务、会计制度或者财务、会计处理办法报送税务机关备案。

A. 税务登记证件　　B. 发票领购簿

C. 营业执照　　D. 财务专用章

14. 在计税依据总额中免予征税的数额是指（ ）。

A. 起征点　　B. 免征额　　C. 减税　　D. 免税

三、多项选择题

1. 税收的特征包括（ ）。

A. 强制性　　B. 无偿性　　C. 有偿性　　D. 固定性

2. 我国目前的税率表现形式有（ ）。

A. 定额税率　　B. 比例税率

C. 全额累进税率　　D. 累进税率

3. 我国目前使用累进税率的形式有（ ）。

A. 全额累进税率　　B. 超额累进税率

C. 超率累进税率　　D. 超倍累进税率

4. 按税法的有关规定，税收减免的类型包括（ ）。

A. 免税　　B. 报批类减免税

C. 减税　　D. 备案类减免税

5. 我国目前的纳税申报方式主要有（ ）。

A. 计算申报　　B. 数据电文申报

C. 邮寄申报　　D. 直接申报

6. 纳税人的税款缴纳方式（站在税务机关的角度，即为税款征收方式）主要有以下几种（ ）。

A. 查账征收　　B. 核定征收

C. 委托纳税　　D. 邮寄申报纳税

7. 以下属于纳税人权利的有（ ）。

A. 纳税申报权　　B. 保密权

C. 延期纳税权　　D. 委托税务代理权

8. 以下属于纳税人义务的有（ ）。

A. 依法办理税务登记的义务

B. 按时纳税的义务

C. 配合税务部门检查的义务

D. 提供有关税务会计信息的义务

9. 根据《税收征管法》和《税务登记管理办法》的有关规定，下列各项中应当进行税务登记的有（　　）。

A. 从事生产经营的事业单位

B. 企业在境内其他城市设立的分支机构

C. 不从事生产经营只缴纳车船税的社会团体

D. 有来源于中国境内所得但未在中国境内设立机构、场所的非居民企业

四、案例题

案例 1

2003 年 1 月底，山东费县地税局稽查分局对该县某厂上年度企业所得税进行专项检查，了解该企业 2002 年账面利润在弥补以前年度亏损后，余额为 387 642.38元，已自行申报缴纳企业所得税 127 921.98 元。在查阅其账簿、报表时，未发现异常申报现象，但在检查其会计凭证时，发现一份金额为 5 万元的可疑凭证。该凭证“摘要栏”写明：提取 2001 年度应提未提利息。后经了解，该厂 2001 年度经营虽有起色，但仍未完成“军令状”上的考核目标，为实现 2001 年度的“扭亏目标”，厂领导决定将当年应提银行贷款利息支出的一部分（5 万元）留至 2002 年。在 2002 年企业实现盈利后，补提了上年的 5 万元利息。

对此，税务机关认定该企业偷税，责成补缴税款 16 500 元，并罚款 1 倍。

资料来源：根据《中国税务报》2003-04-16 日报道整理。

分析要求：你认为税务机关的责任认定是否正确？

案例 2

1.《中国财经报》于 2003 年 1 月 29 日刊登湖南读者段先生的来信，信中说：他任职的单位是湖南省某生产活性炭的企业，2002 年 11 月 27 日因未按规定缴纳税款，主管国税局将该企业的小汽车扣押。当年 12 月 10 日，该企业如数缴纳了税款，但至发稿之日，税务局尚未退还企业的小汽车。

2.《中国税务报》于 2003 年 2 月 10 日刊登一篇报导，题目是“免税的条子我一律不批”，写的是时任新疆维吾尔自治区副主席王金祥同志强调要“依法治税”，文章援引王主席的话：“过去，有些单位特别是一些党政机关的直属企事业单位最喜欢给税务部门提要求，要求给他们免税”。“这两年企业养成了好习惯，再没有人找我提免税的事了”。

分析要求：

1. 税务局在纳税人缴足税款后，应不应该退还企业的小汽车？《税收征管法》是如何规定的？

2. 像“王主席”这样的领导有权给企业减免税吗？《税收征管法》对减免税有何规定？

案例 3

张某于某年 1 月承包了甲建材公司的一个经营部，与甲公司签订协议约定：经营部原有的库存商品以及营业执照和税务登记证一并转让给张某；张某自主经营，自负盈亏，每月只向甲公司交付 4 000 元的承包经营费，各种税费一律由甲公司从承包经营费中代为缴纳。

资料来源：《中国税务报》，2006-09-11，作者钟琳。

分析要求：张某与甲公司的做法是否正确？为什么？

案例 4

某市国税局稽查分局某年 2 月对某企业上年度增值税纳税情况进行检查，发现该企业上年 5 月份少列收入 40 万元，少缴增值税 6.8 万元，当月实际缴纳增值税 10 万元，上年实际缴纳增值税 100 万元。当年 3 月，该市地税局稽查分局又查出该企业上年逃避房产税 5 万元（实际上缴房产税 20 万元）。该企业上年全年共纳各种税 150 万元。无其他逃税行为。

国税局认为，该企业逃税税额 6.8 万元，逃税数额占应纳税额（106.8 万元）的 6%，不构成逃税罪，应给予税务行政处罚；地税局认为，该企业逃税税额 5 万元，逃税数额占应纳税额（25 万元）的 20%，已构成逃税罪，应移送司法机关处理。

分析要求：国税局、地税局的意见是否正确？为什么？

案例 5

某年 3 月 3 日，某市国税局稽查队在对当地一家以个人名义申请登记的仪器设备厂（增值税一般纳税人）上年度增值税纳税情况进行检查时，发现该厂在上年采用预收账款的形式销售仪器设备，虽然货物已发到客户手中，但该仪器设备厂上年底预收账款余额仍有 1 672 万元未进行及时结转。于是，国税局稽查队于当年 3 月 7 日向该厂下达了补缴增值税 242.94 万元的税务处理决定书，限该仪器设备厂在 15 日内缴纳税款。

该仪器设备厂法人代表不服，欲向国税局提出复议申请，但由于其没有足够的资金预先缴纳税款，便向甲公司求援，请求以甲公司的名义为其提供纳税担保。

3 月 10 日，经国税局认可，两家企业一起到国税局签订了纳税担保书，即甲公司保证仪器设备厂按期缴纳所查补的税款。否则，由甲公司缴纳全部税款以及由于仪器设备厂延迟缴纳税款而产生的税收滞纳金。

3 月 11 日，仪器设备厂依法向国税局提出复议申请，要求撤销稽查队的处理决定。

3月17日，国税局经过对案件的审查，依法作出复议决定：维持国税局稽查队的处理决定。但由于仪器设备厂还是拿不出这么多税款，虽然国税局稽查队多次催缴，至当年6月18日也未能缴纳查补的税款。于是，国税局稽查队在查询仪器设备厂银行账户没有现款可供扣缴，又没有货物可供扣押后，于6月19日，在未向甲公司进行任何告知的情况下，即从甲公司的银行账户中直接扣缴了242.94万元的增值税税款和19.43万元的税收滞纳金。

资料来源：《中国税务报》，2006-07-24，作者张玮、李芳。

分析要求：

1. 国税局稽查队的处理意见是否正确？

2. 如果仪器设备厂的法人拥有一辆价值30万元的私人轿车（该车主要供仪器设备厂使用），并且仪器设备厂的财产和法人的家庭财产在实质上是无法准确划分的。那么，国税局稽查队在没有对仪器设备厂以及法人家庭和个人财产采取任何税收强制执行的情况下就对甲公司采取强制执行措施，是否合法？为什么？

参考答案

一、名词解释

1. 税收，税收是国家为实现其职能，凭借政治权力，以法律规定的形式，取得再分配来源的一种方式。

2. 税目，是纳税对象的具体化，反映具体的征税范围，体现每个税种的征税广度。

3. 税率，是应纳税额与计税依据之间的关系或比例，是计算应纳税额的尺度，体现课税的深度。

4. 税务登记制度，是税务机关对纳税人的纳税事项变动以及生产经营范围等实行法定登记的一项管理制度，是纳税人接受税务机关监督，依法履行纳税义务的必要程序。

5. 纳税申报制度，是纳税人在发生纳税义务后，按国家有关法律、行政法规规定和税务机关的具体要求，向主管税务机关如实申报有关纳税事项及应缴税款时，应履行法定手续的制度。

6. 税款缴纳制度，是指纳税人根据国家有关法律、行政法规规定按一定程序缴纳税款的制度。

二、单项选择题

1. A	2. B	3. C	4. C	5. D
6. B	7. A	8. B	9. C	10. D

11. D　　12. C　　13. A　　14. B

三、多项选择题

1. ABD　　2. ACD　　3. BC　　4. BD　　5. BCD

6. ABCD　　7. BCD　　8. ABCD　　9. AB

四、案例题

案例1

分析：

税务机关认定该企业偷税，是正确的。

理由：《税收征管法》第63条规定："纳税人伪造、变造、隐匿、擅自销毁账簿、记账凭证，或者在账簿上多列支出或者不列、少列收入，或者经税务机关通知申报而拒不申报或者进行虚假的纳税申报，不缴或者少缴应纳税款的是偷税。"

企业的费用列支不仅要真实，还要合法；不仅要正确划分经营性支出与资本性支出，还要正确确认其归属。

案例2

分析：

1. 税务局在纳税人缴足税款后，应该退还企业的小汽车。

《税收征管法》规定：从事生产经营的纳税人未按照规定的期限缴纳或者解缴税款，由税务机关责令限期缴纳，逾期仍未缴纳的，经县以上税务局（分局）局长批准，税务机关可以采取下列强制执行措施：

（1）书面通知其开户行或者其他金融机构从其存款中扣缴税款；

（2）扣押、查封、依法拍卖或者变卖其价值相当于应纳税款的商品、货物或者其他财产，以拍卖或者变卖所得抵缴税款。

拍卖或者变卖所得抵缴税款、滞纳金、罚款及扣押、查封、保管、拍卖、变卖等费用后，剩余部分应当在3日内退还被执行人。

2. 像"王主席"这样的领导无权给企业减免税。《税收征管法》规定：减免税主要是对某些纳税人和征税对象采取减少征税或者免予征税的特殊规定。其主要类型包括法定减免、特定减免和临时减免。要求减免税的纳税人必须符合《税收征管法》的规定，并且要办理相关的手续。

案例3

案例分析：张某与甲公司的做法不正确。

第一，税款不容承包。《税收征管法》第29条规定：除税务机关、税务人员以及经税务机关依照法律、行政法规委托的单位和人员外，任何单位和个人不得进行税款征收活动；第 28 条规定：税务机关依照法律、行政法规的规定征收税款，不得违反法律、行政法规的规定开征、停征、多征、少征、提前征收、延缓征收或者摊派税款。显然，税款是不容承包的。

第二，纳税义务不容转让。根据《税收征管法实施细则》第 49 条的规定，承包人或者承租人有独立的生产经营权，在财务上独立核算，并定期向发包人或者出租人上缴承包费或者租金的，承包人或者承租人应当就其生产、经营收入和所得纳税，并接受税务管理。

第三，税务登记证不容转让。《税收征管法》第 18 条规定：纳税人按照国务院税务主管部门的规定使用税务登记证件。税务登记证件不得转让、涂改、毁损、买卖或者伪造。《税收征管法实施细则》第 49 条第二款规定：发包人或者出租人应当自发包或者出租之日起 30 日内将承包人或者承租人的有关情况向主管税务机关报告。发包人或者出租人不报告的，发包人或者出租人与承包人或者承租人承担纳税连带责任。《税务登记管理办法》第 10 条第一款第（四）项规定：有独立的生产经营权、在财务上独立核算并定期向发包人或者出租人交承包费或租金的承包承租人，应当自承包承租合同签订之日起 30 日内，向其承包承租业务发生的税务机关申报办理税务登记，税务机关核发临时税务登记证及副本。

第四，承包经营协议有关税收的约定无效。《税收征管法实施细则》第 3 条第二款规定：纳税人应当依照税收法律、行政法规的规定履行纳税义务；其签订的合同、协议等与税收法律、行政法规相抵触的，一律无效。很显然，张某与甲公司签订的承包经营协议违反了《税收征管法》及其实施细则有关税务管理、税款征收等方面的规定，是无效的。

案例 4

分析： 税务机关的意见不正确，不符合《最高人民法院关于审理偷税抗税刑事案件具体应用法律若干问题的解释》第 3 条的规定，应该以全部偷税额与其同期全部应纳税额计算偷税比例，按此计算结果定性，本案例的偷税比例应是：(6.8＋5)÷(150＋6.8＋5)＝7%。根据《税收征管法》第 63 条及《刑法》第 201 条规定，该企业的行为属于偷税，但未构成偷税罪，应按《税收征管法》规定给予税务行政处罚（补缴税款、罚款、加收滞纳金）。

案例 5

分析：

1. 国税局稽查队对仪器设备厂进行补税的决定是正确的。根据《增值税暂行条例》第1条和《增值税暂行条例实施细则》第33条第（四）项的规定，纳税人采取预收货款方式销售货物的，货物发出的当天即为销售确认的时限，就应该申报缴纳增值税。因此，当地国税局稽查队决定该仪器设备厂补税是正确的。

2.（1）根据《民法通则》的有关规定，当地国税局稽查队可以对仪器设备厂法人所拥有的轿车采取强制执行的措施。

（2）稽查队可以在未对纳税人采取任何强制执行措施的情况下要求纳税担保人履行纳税担保义务，缴纳所担保的税款。原因是：根据《纳税担保试行办法》（国家税务总局令第11号）第7条第二款规定，纳税保证为连带责任保证，纳税人和纳税担保人对所担保的税款及滞纳金承担连带责任。但是，依照《纳税担保试行办法》第12条和第13条规定，在纳税人未按规定期限缴清税款及滞纳金时，税务机关必须在保证期限内（自纳税人应缴纳税款的期限届满之日起60日内）书面向纳税保证人下达纳税通知书，而纳税保证人应按照纳税担保书约定的范围，自收到纳税通知书之日起15日内缴纳税款及滞纳金，履行担保责任。而对于甲公司来说，稽查队在纳税人未按规定的期限缴清税款后，既没有在纳税保证期限内书面告知甲公司应承担的担保责任（即向甲公司下达纳税通知书），也没有向甲公司发出责令限期缴纳税款通知书，在已经超过了纳税保证期限（自纳税人应缴纳税款的期限届满之日起60日内）的情况下直接对甲公司采取强制执行措施，显然是违法的。根据《纳税担保试行办法》第12条第三款规定，纳税保证期限内税务机关未通知纳税担保人缴纳税款及滞纳金以承担担保责任的，纳税担保人免除担保责任。所以，到当年5月22日，甲公司已经自动解除了担保责任，稽查队已无权再向甲公司追缴所担保的税款和滞纳金。

鉴于以上情况，甲公司完全可以通过依法申请行政复议或提起行政诉讼的途径，要求当地国税局稽查队退还甲公司被扣的税款和税收滞纳金。

第3章 增值税会计

Chapter 3

学习目标

本章重点阐述了增值税会计的确认、计量、记录与报告等问题。通过本章的学习，应当掌握增值税应纳税额的计算（包括一般纳税企业销项税额、进项税额的计算以及小规模纳税企业应纳税额的计算）、会计处理（包括销项税额、进项税额及其进项税额转出）与纳税申报；理解增值税会计与财务会计的关系；了解增值税的类型及其特点。

学习指导

1. 学习重点：(1) 增值税的征税范围；(2) 增值税的纳税义务人；(3) 一般纳税人应纳税额的计算及其会计处理；(4) 增值税专用发票的使用。

2. 学习难点：一般纳税人应纳税额的计算及其会计处理。

练习题

一、名词解释

1. 增值税　　2. 混合销售行为　　3. 增值税纳税人

4. 销项税额　　5. 进项税额

二、单项选择题

1. 下列属于增值税纳税人的是（　　）。

A. 为其所在单位修理发生故障的机器的职工

B. 加工玉器的某个人独资企业

C. 为出口的机械产品到销售地进行安装的某机械安装公司

D. 进口货物的出口方

2. 增值税纳税人的销售额中价外费用不包括（　　）。

A. 收取的手续费　　　　　　B. 收取的包装物租金

C. 收取的销项税额　　　　　D. 收取的违约金

3. 2009 年我国增值税实行全面转型指的是（　　）。

A. 由过去的生产型转为收入型

B. 由过去的收入型转为消费型

C. 由过去的生产型转为消费型

D. 由过去的消费型转为生产型

4. 某商场（一般纳税人）采用以旧换新方式销售冰箱一台，旧冰箱折价 300 元，向消费者收取现金 700 元，该笔业务的销项税额为（　　）元。

A. 51　　　　B. 145.29　　　　C. 170　　　　D. 68

5. 甲企业为乙公司加工一批药酒，乙公司提供原材料价值 22 万元，支付加工费 8 万元，甲企业代收代缴消费税 3.33 万元，并开具了增值税专用发票。甲企业提供此项加工劳务增值税的正确处理是（　　）。

A. 以 8 万元加工费为依据计算缴纳增值税

B. 以 11.33 万元为依据计算缴纳增值税

C. 以 33.33 万元为依据计算缴纳增值税

D. 以增值税专用发票上注明的税金作为进项税额

6. 下列各项中不能被认定为一般纳税人的是（　　）。

A. 年应税销售额 200 万元的个体工商户

B. 年应税销售额在 80 万元以上，会计核算健全的工业企业

C. 年应税销售额 1 000 万元以上，全部经营出口货物的某外贸公司

D. 年应税销售额在 50 万元以下，会计核算健全的商业企业

7. 采用折扣方式销售货物的，关于其应纳税销售额说法正确的是（　　）。

A. 如果销售额和折扣额在同一张发票上，可按折扣后的余额作为销售额计算增值税

B. 按销售折扣的余额作为销售额计算增值税

C. 销售折扣不得从销售额中扣减，按原价计算增值税

D. 如果销售额和折扣额不在同一张发票上，可按折扣后的余额作为销售额计算增值税

8. 某生产企业属增值税小规模纳税人，当年 6 月对部分资产盘点后进行处理：销售边角废料，由税务机关代开增值税专用发票，取得含税收入 82 400 元；销售使用过的小汽车 1 辆，取得含税收入 72 100 元（原值为 140 000 元）。该企

业上述业务应缴纳增值税（　　）元。

A. 2 400　　B. 3 778.08　　C. 3 800　　D. 4 500

9. 增值税对小规模纳税人采用简易征收办法，其小规模纳税人适用的征收率为（　　）。

A. 3%　　B. 4%　　C. 6%　　D. 2%

10. 基本建设单位和从事建筑安装业务的企业附设的工厂、车间生产的水泥预制件、其他构件或材料，用于本单位或本企业的建筑工程的，应在转移使用时缴纳（　　）。

A. 增值税　　B. 营业税

C. 消费税　　D. 城市维护建设税

11. 按照现行规定，下列各项中必须被认定为小规模纳税人的是（　　）。

A. 年不含税销售额在 80 万元以下从事货物生产的纳税人

B. 年不含税销售额 100 万元以上的从事货物批发的纳税人

C. 年不含税销售额为 80 万元以下，会计核算制度健全的从事货物零售的纳税人

D. 年不含税销售额为 90 万元以下，会计核算制度健全的从事货物生产的纳税人

12. 某自行车厂某月自产的 10 辆自行车被盗，每辆成本为 300 元（材料成本占 65%），每辆对外销售额为 420 元（不含税），则本月进项税额的抵减额为（　　）元。

A. 331.5　　B. 510　　C. 610.3　　D. 714.13

13. 下列属于增值税混合销售行为的是（　　）。

A. 电话局提供电话安装的同时销售电话

B. 建材商店销售建材的同时，也提供装饰装修服务

C. 塑钢门窗商店销售产品，并为客户加工与安装

D. 汽车制造厂既生产销售汽车，又提供汽车修理服务

14. 下列关于销项税额确认时间的正确说法是（　　）。

A. 以赊销方式销售的，为将提货单交给买方的当天

B. 以直接收款方式销售的，为发货当天

C. 以预收货款方式销售的，为收款当天

D. 将自产货物用于集体福利和个人消费的，为货物移送当天

15. 某一般纳税人购进的原材料发生非正常损失，其成本价 85 万元，其中免税农产品 15 万元，应转出的进项税额是（　　）万元。

A. 14.45　　B. 14.14　　C. 13.85　　D. 11.05

16. 企业外购一批小礼品，取得专用发票上注明的价款为 8.7 万元，其中

赠送客户价值 6.1 万元，其余部分发给了职工（无同类产品售价），应计算的增值税销项税额为（　　）万元。(成本利润率为 10%。)

A. 1.48　　B. 1.14　　C. 1.04　　D. 0.44

17. 对商业企业向供货方收取的与商品销售量、销售额挂钩（如以一定比例、金额、数量计算）的各种返还收入，均应按照平销返利行为的有关规定（　　）。

A. 冲减当期增值税进项税额　　B. 计算销项税额

C. 征收营业税　　D. 计入营业外收入不征流转税

18. 下列混合销售行为，应征增值税不征营业税的是（　　）。

A. 饭店提供餐饮服务并销售酒水

B. 电信部门销售电话并提供有偿电信服务

C. 建筑装饰公司为客户包工包料进行装修

D. 家具城销售家具并为顾客有偿送货

19. 下列各种行为属于视同销售货物，应计算增值税销项税额的是（　　）。

A. 某生产企业外购钢材用于扩建厂房

B. 某商店为厂家代销服装

C. 某运输企业外购棉大衣用于职工福利

D. 某歌厅购进一批酒水饮料用于销售

20. 某生产果酒企业为增值税一般纳税人，月销售收入为 140.4 万元（含税），当期发出包装物收取押金 4.68 万元，当期逾期未归还包装物押金为 2.34 万元，该企业本期应申报的销项税额为（　　）万元。

A. 20.4　　B. 20.74　　C. 21.08　　D. 20.797 8

21. 下列项目所包含的进项税额，不得从销项税额中抵扣的是（　　）。

A. 生产过程中出现的报废产品

B. 用于返修产品修理的易损坏配件

C. 生产企业用于经营管理的办公用品

D. 纳税人的交际应酬费

22. 下列各项中，既是增值税法定税率，又是增值税进项税额扣除率的是（　　）。

A. 7%　　B. 10%　　C. 13%　　D. 17%

23. 下列各项中，允许从增值税销项税额中抵扣的是（　　）。

A. 购进固定资产的进项税额

B. 企业管理不善造成的存货损失所含进项税额

C. 自用小汽车所含进项税额

D. 纳税人修缮厂房领用存货所含进项税额

24. 增值税一般纳税人申请抵扣的防伪税控系统开具的增值税专用发票，必须自该专用发票开具之日起（　　）日内到税务机关认证，否则不予抵扣进项税额。

A. 30　　B. 60　　C. 90　　D. 180

25. 天宏工厂委托渔阳木器厂加工产品包装用木箱，发出材料 15 000 元，支付加工费 3 500 元和增值税额 595 元。天宏工厂支付加工费和增值税额时，正确的会计分录为（　　）。

A. 借：委托加工物资　　3 500
　　应交税费——应交增值税（进项税额）　　595
　贷：银行存款　　4 095

B. 借：在途物资　　3 500
　　应交税费——应交增值税（进项税额）　　595
　贷：银行存款　　4 095

C. 借：原材料　　3 500
　　应交税费——应交增值税（进项税额）　　595
　贷：银行存款　　4 095

D. 借：委托加工物资　　4 095
　贷：银行存款　　3 500
　　应交税费——应交增值税（进项税额转出）　　595

26. 小规模纳税人不实行税款抵扣制，因此，在购进货物时不论收到普通发票还是增值税专用发票，其会计处理均为（　　）。

A. 借：原材料等
　　应交税费——应交增值税（进项税额）
　贷：银行存款等

B. 借：原材料等
　贷：银行存款等

C. 借：原材料等
　　应交税费——应交增值税
　贷：银行存款等

D. 借：原材料等
　贷：银行存款等
　　应交税费——应交增值税（进项税额转出）

27. 现金折扣即税法上的销售折扣，应在购货方实际付现时才能确认折扣额。现金折扣是企业的一种融资行为，其折扣不得从销售额中抵减，即不能冲减销项税额，应借记（　　）科目。

A. “销售费用”　　B. “营业税金及附加”

C. “财务费用”　　D. “管理费用”

28. 如果纳税人销售货物或应税劳务的价格明显偏低，又无正当理由，或者发生视同销售行为，应由主管税务机关核定其销售额。具体确认顺序和办法如下：(1) 按纳税人当月同类货物的平均销售价格确定；(2) 按纳税人近期同类货物的平均销售价格确定；(3) 按组成计税价格确定，其计算公式为(　　)。

A. 组成计税价格＝成本×(1－成本利润率)

B. 组成计税价格＝成本/(1＋成本利润率)

C. 组成计税价格＝成本×(1＋成本利润率) ＋消费税

D. 组成计税价格＝成本×(1＋成本利润率)

29. 纳税人当月预缴、上缴当月应缴增值税时，正确的会计分录为(　　)。

A. 借：应交税费——应交增值税 (已交税金)
　　贷：银行存款

B. 借：应交税费——未交增值税
　　贷：银行存款

C. 借：应交税费——已交增值税
　　贷：银行存款

D. 借：应交税费——应交增值税 (未交增值税)
　　贷：银行存款

30. 按规定可以免征增值税的是(　　)。

A. 古旧图书　　B. 销售钢材

C. 销售农产品　　D. 出口货物

三、多项选择题

1. 以下属于增值税特点的有(　　)。

A. 不重复征税

B. 既普遍征收又多环节征收

C. 同种产品最终售价相同，税负就相同

D. 采用税款抵扣制

2. 一般纳税人与小规模纳税人在增值税法上的地位的不同表现为(　　)。

A. 一般纳税人可以领购增值税专用发票，而小规模纳税人无权使用增值税专用发票

B. 两者纳税期限不同，一般纳税人为 1 个月，小规模纳税人则视销售金额而有所不同

C. 一般纳税人采用抵扣法计算增值税款，而小规模纳税人不能采用抵扣法

D. 小规模纳税人销售货物可由税务机关代开专用发票

3. 某企业为增值税一般纳税人，在生产经营过程中发生的如下进项税额，其中（　　）可以按规定从销项税额中进行抵扣。

A. 从农户直接购买其自产农产品计算的进项税额

B. 购买固定资产计算的进项税额

C. 购进原材料而取得承运部门开具的运输发票，根据运费计算的进项税额

D. 购进原材料，但未按规定取得增值税扣税凭证

4. 下列关于增值税纳税义务发生时间的认定正确的有（　　）。

A. 采取直接收款方式销售货物的，为货物发出的当天

B. 委托商场销售货物，为商场售出货物的当天

C. 将委托加工货物无偿赠与他人的，为货物移送的当天

D. 进口货物，为货物报关进口的当天

5. 下列实行4%征收率征收增值税的企业或货物有（　　）。

A. 典当业销售死当物品

B. 纳税人销售旧货

C. 古旧图书

D. 单位和个体经营者销售自己使用过的未超过原值的摩托车

6. 对于货物的包装物押金，无论是否返还以及会计是如何处理的，均应并入当期销售额的有（　　）。

A. 白酒　　B. 啤酒　　C. 黄酒　　D. 米酒

7. 按现行增值税制度规定，下列行为应按“提供加工和修理修配、劳务”征收增值税的有（　　）。

A. 空调制造厂为客户安装中央空调

B. 企业受托为另一企业加工机器大修件

C. 企业为另一企业修理锅炉

D. 汽车修配厂为本厂修理汽车

8. 根据现行《增值税暂行条例》及其实施细则规定，以下需要征收增值税的行为有（　　）。

A. 邮政部门销售集邮商品

B. 无固定经营场所的企业销售货物

C. 企业被其他企业全部收购涉及存货转让的行为

D. 生产销售热力

9. 一般纳税人具有（　　）行为不得领购增值税专用发票。

A. 会计核算不健全

B. 不能向税务机关准确提供增值税销项税额、进项税额的资料

C. 私自印制专用发票

D. 借用他人专用发票

10. 下列情形中可以开具增值税专用发票的有（　　）。

A. 向消费者销售应税项目

B. 向小规模纳税人销售应税项目

C. 销售报关出口的货物

D. 锅炉厂向使用单位销售锅炉

11. 一般纳税人外购货物所支付的运输费用，不能依7%的扣除率计算进项税额的有（　　）。

A. 为购进固定资产而支付的运杂费

B. 从农业生产者手中购进免税农业产品所发生的运输费用

C. 随同运费支付的装卸费、保险费

D. 不并入销售额的代垫运费

12. 委托加工货物是指委托方提供原料和主要材料，受托方按委托方要求制造货物并收取加工费的业务。下列情况中，不属于受托方加工业务，而应按照受托方销售自制货物征收增值税的有（　　）。

A. 由受托方提供原材料生产的货物

B. 委托方提供原材料，受托方收取加工费加工的货物

C. 受托方先将原材料卖给委托方，然后再加工的货物

D. 受托方以委托方名义购进原材料生产的货物

13. 下列项目中，准许计算抵扣进项税额的有（　　）。

A. 从小规模纳税人处购买农业产品

B. 销售货物支付的运输费用（有运输发票）

C. 外购货物支付的运输费用（有运输发票）

D. 废旧物资经营单位收购的废旧物资

14. 某旧货商场当年8月出售一架旧钢琴，原收购价格3 800元，请钢琴厂维修，支付维修费200元（取得专用发票）。出售维修后的钢琴，零售价格5 000元，该业务纳税的处理方法中不正确的有（　　）。

A. 依简易办法按4%计算增值税，并实行减半征收

B. 依简易办法按4%计算增值税

C. 收购原价可按10%计算抵扣进项税额

D. 按售价的17%计算销项税，按收购价格的10%抵扣进项税额，维修费按专用发票可抵扣进项税额

15. 经认证，有下列情形之一的，不得作为增值税进项税额的抵扣凭证

（　　）。

A. 无法认证　　B. 纳税人识别号认证不符

C. 专用发票代码认证不符　　D. 专用发票号码认证不符

16. 按《增值税暂行条例实施细则》规定，企业下列行为属于增值税纳税人兼营非应税劳务的有（　　）。

A. 建筑材料商店从事建筑安装、装饰业务

B. 饭店附设商场销售货物

C. 药店提供医疗咨询服务

D. 个人出售集邮商品

17. 按税法规定，纳税人的下列运费，不能按7%计算抵扣进项税额的有（　　）。

A. 发票抬头开给购买方的

B. 出售用于科学研究的进口仪器发生的运费取得的发票

C. 进口机床发生的国内运费取得的发票

D. 进口钢材国外发生的运费

18. 下列情形中，属于未按规定保管专用发票的有（　　）。

A. 未建立专用发票管理制度

B. 未设置专用发票专门存放场所

C. 专用发票填写项目不齐全

D. 抵扣联未装订成册

19. 以下免征增值税的项目有（　　）。

A. 用于科学实验的进口设备

B. 国际组织无偿援助的进口物资

C. 外国企业无偿援助的进口设备

D. 个人销售自己使用过的家具

20. 关于单独核算为销售非酒类货物出租出借包装物押金应计入销售额的规定，下列说法正确的有（　　）。

A. 时间在1年以内，又未过期的，不并入销售额征税

B. 逾期未收回但时间在1年以内的，不并入销售额征税

C. 时间超过1年的，并入销售额征税

D. 并入销售额征税时，先将押金换算成不含税价

21. 下列各项中，符合增值税专用发票开具时限规定的有（　　）。

A. 采用预收货款结算方式的，为收到货款的当天

B. 将货物交付他人代销的，为收到代销清单的当天

C. 采用赊销方式的，为合同约定的收款日期的当天

D. 将货物作为投资提供给其他单位的，为投资协议签订的当天

22. 一般纳税人销售自己使用过的物品，符合现行增值税征税规定的有（ ）。

A. 销售自己使用过的 2009 年 1 月 1 日以后购进的固定资产，按 17%的税率征增值税

B. 销售自己使用过的 2009 年 1 月 1 日以后自制的固定资产，按 17%的税率征增值税

C. 纳税人销售旧货，按照 4%的征收率计算税额后再减半征收增值税

D. 销售除固定资产以外的物品，按照 4%的税率征收增值税

23. 增值税一般纳税人购进的生产、经营用货物日后被用于（ ），即改变其用途时，应将其相应的增值税额记入“应交税费——应交增值税（进项税额转出）”的贷方。

A. 非增值税应税项目　　B. 集体福利

C. 分配给股东　　D. 个人消费

24. 纳税人代有关行政管理部门收取的费用，凡同时符合（ ）条件的，不征收增值税。

A. 经县级以上政府审批

B. 开具经财政部门批准使用的行政事业性收费专用票据

C. 所收款项全额上缴财政

D. 所收款项虽不上缴财政但由政府部门监管，专款专用

25. 有关视同销售的账务处理，以下会计分录正确的有（ ）。

A. 企业将自产或委托加工的货物用于非应税项目时，账务处理为：

借：在建工程等

　贷：产成品等

　　应交税费——应交增值税（销项税额）

B. 企业将自产、委托加工或购买的货物作为投资时，账务处理为：

借：长期股权投资等

　贷：产成品等

　　应交税费——应交增值税（销项税额）

C. 企业将自产、委托加工或购买的货物分配给股东时，账务处理为：

借：应付股利等

　贷：主营业务收入

　　应交税费——应交增值税（销项税额）

D. 企业将自产、委托加工的货物用于个人消费时，账务处理为：

借：应付职工薪酬等

贷：应交税费——应交增值税（销项税额）

产成品等

四、计算题

1. 某增值税一般纳税人生产销售自行车，出厂不含税单价为 280 元/辆。某年 2 月该厂购销情况如下：

（1）向当地百货大楼销售 800 辆，百货大楼当月付清货款后，厂家给予了 8%的销售折扣，开具红字发票入账；

（2）向外地特约经销点销售 500 辆，并支付给运输单位 8 000 元，收到的运费发票上注明运费 7 000 元，装卸费 1 000 元；

（3）销售本厂当做固定资产使用两年的小轿车（2008 年 1 月购入）一辆，售价 100 000 元（原价 90 000 元）；

（4）逾期仍未收回的包装物押金 60 000 元，计入销售收入；

（5）购进自行车零部件、原材料，取得的专用发票上注明销售金额 140 000 元、税款 23 800 元；

（6）从小规模纳税人处购进自行车零件 90 000 元，未取得专用发票；

（7）本厂直接组织收购废旧自行车，支出收购金额 60 000 元。

当月底该企业计算本月应缴增值税如下：

当月销项税额 =[800×280×(1−8%)+500×280+100 000+60 000]×17%

=86 033.6（元）

当月进项税额 =8 000×10%+23 800+90 000×3%+60 000×10%

=33 300（元）

当月应纳增值税税额=86 033.6−33 300

=52 733.6（元）

要求：请依据《增值税暂行条例》有关规定，具体分析该企业计算的当月应纳增值税税款是否正确。如有错误，请指出错在何处，并正确计算当月应纳增值税税额。

2. 某制药厂（一般纳税人）生产各类应税和免税药品，当年 8—9 月发生如下经济业务：

（1）8 月份销售抗生素药品取得含税销售额 117 000 元。

（2）8 月份销售其他应税药品，收到含税货款 23 400 元；销售免税药品 50 000元。

（3）8 月份购入生产用原材料一批，取得经税务机关认证的防伪税控系统增值税专用发票上注明税款 68 000 元，用于生产应税与免税药品，但无法划分耗料情况。支付运费 1 200 元（有运输发票），其中建设基金 100 元，装卸费 200 元，运费 900 元。

（4）9 月份销售免税药品一批，取得价款 150 000 元（不含税），动用外购原料成本 28 000 元，其中含购货运费 930 元（有运输发票），另支付运输公司运输免税药品的运费 700 元（有运输发票）。

（5）9 月份销售应税药品取得不含税收入 300 000 元。

（6）9 月份外购应税产品包装物，取得经税务机关认证的防伪税控系统增值税专用发票上注明进项税额 5 000 元；支付产品说明书加工费 2 000 元，取得的专用发票上注明税款 340 元。

要求：

（1）计算该药厂 8 月应纳增值税额。

（2）计算该药厂 9 月应纳增值税额。

3. 红光商场为增值税一般纳税人，当年 8 月发生以下购销业务：

（1）购入运动服两批，均取得增值税专用发票。两张专用发票上注明的货款分别为 20 万元和 36 万元，进项税额分别为 3.4 万元和 6.12 万元，其中第一批货款未付，第二批货款当月已付清。另外，在购进这两批货物时已分别支付两笔运费 0.26 万元和 4 万元，并取得承运单位开具的普通发票。

（2）批发销售运动服一批，取得不含税销售额 18 万元，采用委托银行收款方式结算，货已发出并办妥托收手续，货款尚未收回。

（3）零售各种服装，取得含税销售额 38 万元，同时将零售价为 17.8 万元的服装作为礼品赠送给了顾客。

（4）采取以旧换新方式销售家用电脑 20 台，每台零售价 6 500 元，另支付顾客每台旧电脑收购款 500 元。

要求：计算红光商场 8 月应缴的增值税额（注：相关票据已通过主管税务机关认证）。

4. 某联合企业为增值税一般纳税人，当年 12 月生产经营情况如下：

（1）专门开采的天然气 45 000 千立方米，开采原煤 450 万吨，采煤过程中生产天然气 2 800 千立方米。

（2）销售原煤 280 万吨，取得不含税销售额 22 400 万元。

（3）以原煤直接加工洗煤 110 万吨，对外销售 60 万吨，取得不含税销售额 15 840 万元。

（4）企业职工食堂和供热等用原煤 2 500 吨。

（5）销售天然气 37 000 千立方米（含采煤过程中生产的 2 000 千立方米），取得不含税销售额 6 660 万元。

（6）购入采煤用原材料和低值易耗品，取得增值税专用发票，注明支付货款 7 000 万元、增值税额 1 190 万元。支付原材料运输费 200 万元，取得运输公司开具的普通发票，原材料和低值易耗品验收入库。

(7) 购进采煤机械设备 10 台，取得增值税专用发票，注明每台设备支付货款 25 万元、增值税 4.25 万元，已全部投入使用。

(提示：资源税单位税额：原煤 3 元/吨；洗煤与原煤的选矿比为 60%。)

要求： 计算该联合企业当年 12 月应缴纳的增值税额（相关票据已通过主管税务机关认证）。

5. A 电子设备生产企业（下称 A 企业）与 B 商贸公司（下称 B 公司）均为增值税一般纳税人，当年 12 月份有关经营业务如下：

(1) A 企业从 B 公司购进生产用原材料和零部件，取得 B 公司开具的增值税专用发票，注明货款 180 万元、增值税 30.6 万元，货物已验收入库，货款和税款未付。

(2) B 公司从 A 企业购电脑 600 台，每台不含税单价 0.45 万元，取得 A 企业开具的增值税专用发票，注明货款 270 万元、增值税 45.9 万元。B 公司以销货款抵顶应付 A 企业的货款和税款后，实付购货款 90 万元、增值税 15.3 万元。

(3) A 企业为 B 公司制作大型电子显示屏，开具普通发票，取得含税销售额 9.36 万元、调试费收入 2.34 万元。制作过程中委托 C 公司进行专业加工，支付加工费 2 万元、增值税 0.34 万元，取得 C 公司增值税专用发票。

(4) B 公司从农民手中购进免税农产品，收购凭证上注明支付收购货款 30 万元，支付运输公司的运输费 3 万元，取得普通发票。入库后，将收购的农产品 40%作为职工福利消费，60%零售给消费者并取得含税收入 35.03 万元。

(5) B 公司销售电脑和其他物品取得含税销售额 298.35 万元，均开具普通发票。

要求：

(1) 计算 A 企业 12 月份应缴纳的增值税。

(2) 计算 B 公司 12 月份应缴纳的增值税。

6. 某电器专卖店（增值税一般纳税人）当年 2 月发生下列购销业务：

(1) 销售空调机 300 台，每台零售价格 3 000 元，商场派人负责安装，每台收取安装费 200 元。

(2) 采取有奖销售方式销售电冰箱 100 台，每台零售价格 2 800 元；奖品为电子石英手表，市场零售价格 200 元，共计送出 50 只电子石英手表。

(3) 收取客户购买 20 台空调机的预付款 40 000 元，每台售价 3 000 元（含增值税），按 60 000 元金额开具普通发票，因供货商的原因本期未能向客户交货。

(4) 将本专卖店自用 2 年的固定资产，账面原价 130 000 元，已提折旧

30 000元，以 140 000 元的价格售出。

（5）购进空调机 200 台，取得的增值税专用发票注明价款 420 000 元，已通过认证，货款已支付；另支付运输费 20 000 元，运输企业开具的货票上注明运费 15 000 元，建设基金 1 000 元，装卸费 2 000 元，保险费 2 000 元。

（6）购进电冰箱 150 台，取得的增值税专用发票注明价款 300 000 元，已通过认证，因资金周转困难只支付厂商 70%的货款，余款在下月初支付；因质量问题，退回上期从某冰箱厂购进的电冰箱 20 台，每台出厂单价 2 340 元（含税），并取得厂家开具的红字发票和税务机关的证明单。

要求：计算该商场当年 2 月各项业务所涉及的税额，并计算应纳的增值税额。

7. 某公司 2009 年发生有关业务如下：

（1）销售自己 2008 年 1 月购入并作为固定资产使用的 A 设备，原购买发票注明价款 120 000 元，增值税 20 400 元。2009 年 4 月出售开具普通发票，票面金额 120 640 元。

（2）销售自己 2009 年 1 月购入并作为固定资产使用的 B 设备，原购买发票注明价款 120 000 元，增值税 20 400 元，2009 年 4 月出售开具普通发票，票面金额 120 640 元。

（3）该公司当年 1 月购入小轿车一辆自用，原购买发票注明价款 120 000 元，增值税 20 400 元，当年 5 月出售，开具普通发票，票面金额 120 640 元。

要求：

（1）计算该公司转让 A 设备行为应纳增值税额。

（2）计算该公司转让 B 设备行为应纳增值税额。

（3）计算该公司转让小轿车行为应纳增值税额。

五、业务题

1. **资料**：红光机床厂为增值税一般纳税人，按月缴纳增值税。5 月份发生下列有关经济业务：

（1）6 日，从本市第三铸造厂购进铸铁一批，增值税专用发票上注明：价款 180 000 元，税额 30 600 元，上述款项已通过银行汇款付讫。

（2）9 日，因铸铁质量问题，发生进货退出，根据铸铁厂开具的红字增值税专用发票，收到退回价款 210 000 元，税款 35 700 元。

（3）11 日，按照合同规定，机床厂接受金属工业公司以圆钢一批作为投资入股，公允价值 360 000 元，税额 61 200 元。

（4）12 日，拨付钢材一批，委托轻工机械厂加工齿轮，已拨付钢材价值 168 000 元。

（5）22 日收到轻工机械厂开来的增值税专用发票，支付齿轮加工费 18 000

元，税额 3 060 元，以银行存款支付。

（6）22 日，齿轮加工完毕，该批加工半成品价款为 186 000 元，收回入库转账。

（7）23 日，购入铸铁一批，价款 380 000 元，专用发票注明税款 64 600 元。

（8）26 日，机修车间对外提供加工服务，收取劳务费 11 000 元（含税）。

（9）29 日销售机床 10 台，实现销售收入 2 760 000 元，向对方开出增值税专用发票，并收取增值税 469 200 元，收回货款存入银行存款户。

（10）30 日，企业发生两笔销售退回，共计价款 198 000 元，应退增值税 33 660元，企业开出红字增值税专用发票，并以银行存款支付退还款项。

（11）机床厂为扩大企业规模，根据合同规定，以企业生产的机床 2 台对建材机械厂进行投资，2 台机床的账面价值 234 000 元，公允价值（计税价）260 000元。2 台机床已提存货跌价准备 11 000 元，支付运杂费 2 000 元。

（注：相关票据已通过主管税务机关认证。）

要求：根据上述资料，作出有关增值税的会计处理。

2. **资料**：津津食品厂（增值税一般纳税人）11 月份发生下列有关经济业务：

（1）3 日，从农户购入小麦 100 吨，每吨收购价 800 元，以现金支付。

（2）5 日，购进食用油 2 吨，每吨 4 500 元，专用发票注明增值税额 1 170 元，以转账支票付讫。

（3）9 日，销售糕点，价款 15 000 元，专用发票注明税款 2 550 元，货款已入账。

（4）10 日，向儿童福利院捐赠食品一批，同类货物不含税的销售价格为 40 000元，成本为 29 000 元。

（5）11 日，预缴上旬增值税税款 20 000 元。

（6）17 日，销售精炼食用油，价款 35 000 元，开出专用发票注明增值税额 4 550 元，以商业汇票结算。

（7）21 日，预缴中旬增值税税款 20 000 元。

（8）23 日，销售食品，价款 44 000 元，专用发票注明增值税款 7 480 元，收到 50%货款，余款尚未收到。

（9）28 日，支付电费 25 000 元，其中：生产车间 19 000 元，管理部门 6 000 元，专用发票注明税款 4 250 元；支付水费 8 100 元，其中：生产车间 7 800 元，管理部门 300 元，增值税额 1 053 元。

（10）30 日，预缴下旬增值税税款 20 000 元。

要求：根据上述资料，编制相应会计分录。

3. **资料**：元隆棉布店为增值税一般纳税人，3 月份发生下列有关经济业务：

（1）3日，从市针纺公司购进棉布一批，专用发票注明：进价76 000元，税款12 920元，款已付出。

（2）按售价（含税）入库，该批商品的售价为100 000元。

（3）4日，缴纳上月欠缴增值税款21 000元。

（4）18日门市实物负责小组送来销货款。该批商品全部售出，收到销货款100 000元，存入开户银行。

要求：根据上述业务，编制相应的会计分录。

4. **资料**：某生产企业为增值税小规模纳税人，4月份发生下列经济业务：

（1）5日，销售产品一批，含税售价31 800元，货款入账。

（2）10日，购进材料一批，专用发票注明：价款8 500元，税额1 445元，尚未付款。

（3）19日，接受委托加工材料一批，25日加工完毕，收取加工费2 400元。

（4）30日，缴纳当月应交增值税。

要求：根据上述业务，编制相应的会计分录。

六、案例题

案例1

某副食品商店系增值税一般纳税人，主营各类食品批发零售，同时兼营饮食服务业。当年9月份该企业发生如下业务：

（1）本月取得营业收入351 000元（含税），其中包括饮食服务收入。该企业在财务核算时对商品销售收入和饮食业收入划分不清。

（2）本月随同销售货物出借包装物收取押金5 000元。该企业账面显示："其他应付款——包装物押金"贷方余额68 000元，其中：上年1月2日收取押金10 000元；上年5月4日收取押金25 000元；当年3月4日收取押金15 000元；当年7月8日收取押金13 000元；当年9月5日收取押金5 000元。经查，以上几笔押金以前均未征税。

（3）以分期付款方式从某食品厂购进副食品一批，价税合计36 000元，已验收入库，并取得销货方全额开具的增值税专用发票，发票注明的增值税额为5 230.77元。协议规定，货款分3期分别于9月、10月、11月等额支付，本期已支付12 000元。

（4）向农民收购红枣一批，购进价30 000元，已验收入库，并按规定开具收购凭证。

（5）购进空调器1台，由管理部门使用，取得的增值税发票上注明的金额为4 000元，税额680元。

（6）将购进的红枣发给本企业职工，账面成本10 800元。

（7）从某粮油经营部（一般纳税人）购入面粉一批，全部用于饮食经营。

取得的增值税发票上注明的增值税额为 6 000 元，货款已支付，面粉已验收入库。

会计人员在申报 9 月份增值税时，计算过程如下：

（1）应纳销项税额＝351 000×17％＝59 670（元）

（2）企业未计算应纳销项税额。

（3）进项税额＝5 230.77÷3＝1 743.59（元）

（4）进项税额＝买价×扣除率＝30 000×10％＝3 000（元）

（5）进项税额＝0（元）

（6）企业未进行涉税调整。

（7）进项税额＝6 000（元）

本期应纳增值税额＝59 670－(1 743.59＋3 000＋6 000)
＝48 926.41(元)

分析要求：该企业增值税的计算是否有误，请说明理由。

案例 2

某电视机厂系增值税一般纳税人，主要生产销售新型彩色电视机。当年 9 月发生如下涉税业务：

（1）9 月 2 日，采取交款提货结算方式向甲家电商场销售电视机 500 台，本期同类产品不含税售价 3 000 元。由于商场购买的数量多，按照协议规定，厂家按售价的 5％优惠，每台不含税售价 2 850 元，货款全部以银行存款收讫。9 月 5 日，向乙家电商场销售彩电 200 台，为了尽快收回货款，厂家提供的现金折扣条件为：4/10，2/20，n/30。9 月 23 日，收回全部货款，厂家按规定给予优惠。

（2）采取以旧换新方式，从消费者个人手中收购旧电视机，销售新型号电视机 10 台，开出普通发票 10 张，收到货款 31 100 元，并注明已扣除旧电视机折价 4 000 元。

（3）5 年前采取还本销售方式销售给消费者 20 台电视机，协议规定，每台电视机不含税售价 4 000 元，5 年后（即当月）企业将全部货款退还给购货方。共开出普通发票 20 张，合计金额 93 600 元。

（4）以 20 台电视机向丙单位等价换取原材料，电视机成本价每台 1 800 元，不含税售价 3 000 元。双方均按规定开具增值税专用发票。

（5）9 月 4 日，向丁商场销售电视机 300 台，不含税销售单价 3 000 元。商场在对外销售时发现，有 5 台电视机存在严重质量问题，商场提出退货处理，并将当地主管国税机关开具的“进货退出或索取折让证明单”送交厂家。该厂将 5 台电视机收回，并按规定给商场开具了红字专用发票。

(6) 本期共发生可抵扣进项税额400 000元（含从丙单位换入原材料应抵扣的进项税额）。

该企业会计人员在申报9月份增值税时，计算过程如下：

(1) 应纳销项税额＝2 850×500×17%＋3 000×200×(1－2%)×17%
＝342 210（元）

(2) 应纳销项税额＝31 100÷(1＋17%)×17%＝4 518.80（元）

(3) 应纳销项税额＝(93 600－20×4 000)÷(1＋17%)×17%
＝1 976.07（元）

(4) 企业未作账务处理。

(5) 应纳销项税额＝(300－5)×3 000×17%＝150 450(元)

本月应纳增值税＝(342 210＋4 518.80＋1 976.07＋150 450)－400 000
＝99 154.87(元)

分析要求：企业会计人员计算增值税是否有误，请说明理由。

案例3

某百货商场为增值税一般纳税人，当年6月发生以下购销业务：

(1) 销售空调机100台，每台3 000元。商场负责送货并安装，每台收取费用150元。

(2) 收取客户购买20台空调机的预付款50 000元，已开具普通发票，每台3 000元。供货商在本期尚不能交货。

(3) 为迎接夏季的到来，本月购进空调两批。A01规格的空调300台，取得增值税专用发票注明价款63万元，货款已付，专用发票已按规定认证；B01规格空调100台，取得增值税专用发票注明价款20万元，专用发票未按规定认证。

(4) 购进150台冰箱，取得增值税专用发票注明价款30万元，本期支付了50%的货款，专用发票未按规定认证。

(5) 将本商场自用两年的一辆小汽车以14万元的价格出售。该车账面原值16万元，已提折旧3万元。

(6) 截至5月份，顾客退回有质量问题的冰箱共计20台，本期退回厂家，不含税单价2 100元。已取得厂家开具的红字发票和税务机关的证明单。

(7) 为某服装厂代销西裤一批，合同规定：零售单价168元，共计1 000条；双方协议手续费按不含税销售额的5%计算。该商场本月销售750条，销售单价188元，已将代销清单返还给服装厂并取得该厂开具的增值税专用发票。

(8) 销售一批库存的石英挂钟150只，单价38元。为了尽快售出，商场决定采取有奖销售方式，奖品为卡通手表，市场售价 12 元，本期共计送出卡通手表 100 只。

（9）特价处理一批滞销玩具，销售额 3 800 元。

7 月初，该商场增值税申报情况如下：

当月销项税额＝(100×3 000)÷(1＋17%)×17%＋[(150×38－100×12)÷(1＋17%)]×17%＋3 800÷(1＋17%)×17%
＝44 795.73(元)

当期进项税额＝(630 000＋200 000＋300 000×50%)×17%
＝166 600(元)

应纳增值税额＝44 795.73－166 600＝－121 804.27(元)

分析要求：根据税法有关规定，指出该商场进行增值税的纳税申报是否正确。如有错误，请指出错误之处，并正确计算应纳增值税额。

案例 4

某家电商场系增值税一般纳税人。其主管税务机关在进行税收专项检查时，对企业 11 月份的一张记账凭证提出异议，该凭证是这样处理的：

借：银行存款　　1 500
　　贷：管理费用　　1 500

经了解，该笔业务是反映该家电商场为某厂提供安装劳务收取的劳务费。税务人员又对该家电商场前 10 个月的记账凭证进行了检查，发现同样性质的业务共计 9 笔，金额合计 65 500 元。税务机关认为企业少计收入、偷逃税款，要求企业补缴增值税，并处少缴税款 1 倍的罚款。

分析要求：税务机关的认定是否正确？处罚是否合理？如果正确，如何作调账和缴纳罚款的会计处理？

案例 5

某啤酒厂销售啤酒时，其啤酒瓶随啤酒一同销售，啤酒瓶每只收押金 0.5 元，回收时，退款 0.25 元/只。当企业收到退回的啤酒瓶并退款时，借记“其他应付款”，贷记“银行存款”。国税局在今年 1 月进行税务检查时，查实企业在 2 年前共发出酒瓶 3 000 万只，当年回收 2 500 万只。税务局认为企业少缴了增值税，要求企业补缴税款。

分析要求：企业回收酒瓶的会计处理是否正确？税务局的意见是否正确？如果税务局的意见正确，企业应该补缴多少增值税？

参考答案

一、名词解释

1. 增值税，是对在我国境内销售货物、进口货物以及提供加工、修理修配劳务的单位和个人，就其取得货物的销售额、进口货物金额、应税劳务销售额计算税款，并实行税款抵扣制的一种流转税。

2. 混合销售行为，如果一项销售行为既涉及货物又涉及非应税劳务，则属于混合销售行为。

3. 增值税纳税人，是在我国境内销售货物或者提供加工、修理修配劳务以及进口货物的单位和个人。

4. 销项税额，是纳税人销售货物或者提供应税劳务，按照规定税率计算并向购买方收取的增值税额。

5. 进项税额，是纳税人购进货物或者接受应税劳务所支付或者所负担的增值税额。

二、单项选择题

1. B	2. C	3. C	4. B	5. A
6. D	7. A	8. C	9. A	10. A
11. C	12. A	13. C	14. D	15. B
16. B	17. A	18. D	19. B	20. C
21. D	22. C	23. A	24. D	25. A
26. B	27. C	28. D	29. A	30. A

三、多项选择题

1. ABC	2. ACD	3. ABC	4. CD	5. AB
6. AD	7. BC	8. BD	9. AB	10. BD
11. ACD	12. ACD	13. BC	14. BCD	15. ABCD
16. AC	17. ABD	18. ABD	19. ABD	20. ACD
21. BC	22. ABC	23. ABD	24. BCD	25. ABCD

四、计算题

1. 企业计算的当月应纳增值税是错误的。

(1) 销售800辆自行车给予8%的折扣，不应减少销售额。

(2) 允许计算进项税额的运费中不能计入装卸费。

(3) 销售本厂使用过的轿车，应先换算为不含税销售额再并入销售额，适用征收率为4%并且减半。

(4) 逾期未收回包装物押金应换算为不含税销售额再并入销售额。

(5) 从小规模纳税人处购进零件不得抵扣进项税额。

(6) 本厂收购废旧自行车不得计算进项税款抵扣。

(7) 正确计算企业当月应纳增值税税款。

销项税额＝(800×280＋500×280)×17%＋60 000÷(1＋17%)×17%
＝61 880＋8 717.95
＝70 597.95(元)

进项税额＝7 000×7%＋23 800＝490＋23 800＝24 290(元)

销售使用过的小汽车应缴纳的增值税额＝100 000÷(1＋4%)×4%÷2＝1 923.08(元)

当月应纳增值税＝70 597.95＋1 923.08－24 290＝48 231.03(元)

2. (1) 8 月份纳税情况如下:

销项税额＝117 000÷1.17×17%＋23 400÷1.17×17%＝20 400(元)

不得抵扣的进项税额＝[68 000＋(900＋100)×7%]×50 000÷(120 000＋50 000)
＝20 020.59(元)

准予抵扣的进项税额＝68 000＋(900＋100)×7%－20 020.59＝48 049.41(元)

应纳增值税额＝20 400－48 049.41＝－27 649.41(元)

8 月末抵扣完的增值税额为 27 649.41 元，留待 9 月份继续抵扣。

(2) 9 月份纳税情况如下:

销项税额＝300 000×17%＝51 000(元)

进项税额＝5 000＋340－(28 000－930)×17%－930÷(1－7%)×7%
＝668.1(元)

9 月应纳增值税额＝51 000－668.1－27 649.41＝22 682.49(元)

3. (1) 进项税额＝3.4＋6.12＋(4＋0.26)×7%＝9.82 (万元)

(2) 销项税额＝18×17%＋[(38＋1.78)÷(1＋17%)]×17%＋[(20×0.65)÷(1＋17%)]×17%
＝3.06＋5.78＋1.89＝10.73 (万元)

(3) 应纳税额＝10.73－9.82＝0.91 (万元)

4. (1) 销售原煤销项税额＝22 400×17%＝3 808 (万元)

(2) 销售洗煤销项税额＝15 840×17%＝2 692.8 (万元)

(3) 自用原煤销项税额＝(22 400÷280×0.25)×17%＝3.4 (万元)

(4) 销售天然气销项税额＝6 660×13%＝865.8 (万元)

销项税额合计＝3 808＋2 692.8＋3.4＋865.8＝7 370 (万元)

(5) 进项税额＝1 190＋200×7%＋4.25＝1 208.25 (万元)

（6）应缴纳增值税＝7 370－1 208.25＝6 161.75（万元）

5.（1）A企业。

1）销售电脑销项税额＝600×0.45×17％＝45.9（万元）

2）制作显示屏销项税额＝(9.36＋2.34)÷(1＋17％)×17％＝1.7（万元）

3）当期应扣除进项税额＝30.6＋0.34＝30.94（万元）

4）应缴纳增值税＝45.9＋1.7－30.94＝16.66（万元）

（2）B公司。

1）销售材料销项税额＝180×17％＝30.6（万元）

2）销售农产品销项税额＝35.03÷(1＋13％)×13％＝4.03（万元）

3）销售电脑销项税额＝298.35÷(1＋17％)×17％＝43.35（万元）

销项税额合计＝30.6＋4.03＋43.35＝77.98（万元）

4）购电脑进项税额＝600×0.45×17％＝45.9万元。

5）购农产品进项税额＝(30×13％＋3×7％)×60％≈2.47（万元）

应扣除进项税额合计＝45.9＋2.47＝48.37（万元）

6）应纳增值税额＝77.98－48.37＝29.61（万元）

6.（1）销售300台空调销项税额＝(3 000＋200)÷1.17×300×17％

＝139 487.18(元)

（2）有奖销售方式销售电冰箱销项税额＝(2 800×100＋200×50)÷1.17×17％

＝42 136.75（元）

（3）销售20台空调机销项税额＝60 000÷1.17×17％＝8 717.95（元）

（4）销售旧固定资产应纳增值税＝140 000÷(1＋4％)×4％×50％

＝2 692.31(元)

（5）购进空调进项税额＝420 000×17％＋(15 000＋1 000)×7％

＝72 520(元)

（6）购进电冰箱进项税额＝300 000×17％＝51 000（元）

退货应扣减增值税进项税额＝20×2 340÷1.17×17％＝6 800（元）

（7）当期销项税额合计＝139 487.18＋42 136.75＋8 717.95

＝190 341.88（元）

当期实际抵扣进项税额合计＝72 520＋51 000－6 800＝116 720（元）

本月应纳增值税额＝190 341.88－116 720＋2 692.31

＝76 314.19（元）

7.（1）该公司销售A设备应纳增值税额＝120 640÷(1＋4％)×4％×50％＝2 320（元）

（2）该公司销售B设备应纳增值税额＝120 640÷(1＋17％)×17％＝17 528.89（元）

（3）该公司出售小轿车应纳增值税额 $=120\,640\div(1+4\%)\times4\%\times50\%=2\,320$（元）

五、业务题

1. 会计分录如下：

（1）借：在途物资——铸铁　180 000
　　应交税费——应交增值税（进项税额）　30 600
　贷：银行存款　210 600

（2）借：银行存款　210 000
　　应交税费——应交增值税（进项税额）　35 700
　贷：在途物资　174 300

（3）借：原材料　360 000
　　应交税费——应交增值税（进项税额）　61 200
　贷：实收资本　331 200
　　递延所得税负债（360 000×25%）　90 000

（4）借：委托加工物资　168 000
　贷：原材料　168 000

（5）支付加工费。
借：委托加工物资　18 000
　应交税费——应交增值税（进项税额）　3 060
贷：银行存款　21 060

（6）借：半成品　186 000
　贷：委托加工物资　186 000

（7）借：在途物资　380 000
　　应交税费——应交增值税（进项税额）　64 600
　贷：应付账款　444 600

（8）销项税额 $=11\,000\div(1+17\%)\times17\%=1\,598$（元）
借：银行存款　11 000
　贷：其他业务收入　9 402
　　应交税费——应交增值税（销项税额）　1 598

（9）借：银行存款　3 229 200
　贷：主营业务收入　2 760 000
　　应交税费——应交增值税（销项税额）　469 200

（10）借：主营业务收入　198 000
　　应交税费——应交增值税（销项税额）　33 660
　贷：银行存款　231 660

(11) 借：长期股权投资　295 200
　　存货跌价准备　11 000
　贷：主营业务收入　260 000
　　应交税费——应交增值税（销项税额）　44 200
　　银行存款　2 000

2. 根据资料，做出相应会计分录如下：

(1) 借：原材料　69 600
　　应交税费——应交增值税（进项税额）　10 400
　贷：库存现金　80 000

(2) 借：原材料　9 000
　　应交税费——应交增值税（进项税额）　1 170
　贷：银行存款　10 170

(3) 借：银行存款　17 550
　贷：主营业务收入　15 000
　　应交税费——应交增值税（销项税额）　2 550

(4) 借：营业外支出　35 800
　贷：产成品　29 000
　　应交税费——应交增值税（销项税额）　6 800

(5) 借：应交税费——应交增值税（已交税金）　20 000
　贷：银行存款　20 000

(6) 借：应收票据　39 550
　贷：主营业务收入　35 000
　　应交税费——应交增值税（销项税额）　4 550

(7) 借：应交税费——应交增值税（已交税金）　20 000
　贷：银行存款　20 000

(8) 借：银行存款　25 740
　　应收账款　25 740
　贷：主营业务收入　44 000
　　应交税费——应交增值税（销项税额）　7 480

(9) 借：制造费用　26 800
　　管理费用　6 300
　　应交税费——应交增值税（进项税额）　5 303
　贷：银行存款　38 403

(10) 借：应交税费——应交增值税（已交税金）　20 000
　贷：银行存款　20 000

3. 根据资料，编制相应会计分录如下：

(1) 借：物资采购　76 000
　　　　应交税费——应交增值税（进项税额）　12 920
　　贷：银行存款　88 920

(2) 借：库存商品　100 000
　　贷：物资采购　76 000
　　　　商品进销差价　24 000

(3) 借：应交税费——应交增值税（未交税金）　21 000
　　贷：银行存款　21 000

(4) 销项税额＝100 000÷(1＋17%)×17%＝14 529.91（元）

借：银行存款　100 000
　贷：主营业务收入　85 470.09
　　　应交税费——应交增值税（销项税额）　14 529.91

4. 根据资料，编制相应会计分录如下：

(1) 借：银行存款　31 800
　　贷：主营业务收入　30 000
　　　　应交税费——应交增值税　1 800

(2) 借：在途物资　9 945
　　贷：应付账款　9 945

(3) 借：银行存款　2 400
　　贷：其他业务收入　2 264.2
　　　　应交税费——应交增值税　135.8

(4) 应交增值税＝1 800＋135.8＝1 935.8（元）

借：应交税费——应交增值税　1 935.8
　贷：银行存款　1 935.8

六、案例题

案例 1

分析：该企业增值税的计算有误，理由如下：

(1) 本月取得的营业收入 351 000 元是含税的，按我国《增值税暂行条例》规定，在计算销项税额时应先换算成不含税销售额。

(2) 逾期包装物押金应并入销售额计征增值税，并且包装物的押金是含税的，计算增值税时需要换算成不含税价格。

(3) 按税法有关规定，采取分期付款方式购进货物的，其进项税额的抵扣时间为货款支付的时间。

(4) 购进免税农产品，允许按买价的 13%抵扣。

（5）固定资产的进项税额允许抵扣。

（6）将购进的红枣用于本企业职工福利，其进项税额不允许抵扣，应进行相应的纳税调整，即通过“进项税额转出”科目进行会计处理。

案例 2

分析：企业会计人员计算增值税有误，其理由如下：

（1）对于折扣销售，税法规定：纳税人销售货物并向购买方开具增值税专用发票后，由于购货方在一定时期内累计购买货物达到一定数量，销货方给予购货方相应的价格优惠或补偿等折扣、折让行为，销货方可按现行《增值税专用发票使用规定》的有关规定开具红字增值税专用发票。

对于销售折扣，由于发生在销货之后，属于一种融资行为，所以折扣额不得从销售额中减除。

（2）对于以旧换新销售方式，税法规定：以旧换新销售，按新货同期销售价格确定销售额，不得扣减旧货收购价格（金银首饰除外）。

（3）对于还本销售方式，税法规定：还本销售，销售额就是货物销售价格，不得扣减还本支出。

（4）对于以物易物销售方式，税法规定：以物易物销售，双方均作购销处理，以各自发出的货物核算销售额并计算销项税额，以各自收到的货物核算购货额并计算进项税额。

案例 3

分析：该商场当月纳税申报有错误：

（1）销售并负责安装空调属于应征增值税的混合销售行为，收取的空调安装费，应并入销售额计算应纳增值税额。

（2）收取预付款，已开具普通发票，虽然货物未交给客户但应确认收入。

（3）购进 B01 规格空调，因专用发票未按规定认证，所以不得抵扣进项税额。

（4）商业企业（该商场）因专用发票未按规定认证，不得抵扣进项税额。

（5）商场自用 2 年的小汽车出售，应换算为不含税销售额，按 4%的征税率并且减半征收增值税。

（6）因质量原因发生退货，并取得厂家开具的红字专用发票，应冲减本期进项税额。

（7）由于商场将代销的西裤加价销售，仍与委托方按原价结算，另收手续费，所以，计算增值税的销项税额应以实际销售额为依据，双方协议的结算价格（代销清单上的价格）是计算进项税额的依据。

（8）有奖销售相当于实物折扣，折扣额不得从销售额中减除，应视同销售货物，计算缴纳增值税。

计算该商场当月应纳增值税额如下：

$$\begin{aligned}当月销项税额 &= [100\times(3\,000+150)\div(1+17\%)+20\times3\,000\\&\quad\div(1+17\%)+750\times188\div(1+17\%)+(150\\&\quad\times38+100\times12)\div(1+17\%)]\times17\%+3\,800\\&\quad\div(1+17\%)\times17\%\\&=76\,529.06(元)\end{aligned}$$

$$\begin{aligned}当月进项税额 &= 630\,000\times17\%+750\times168\div(1+17\%)\times17\%\\&\quad-(20\times2\,100\times17\%)\\&=118\,267.69(元)\end{aligned}$$

$$\begin{aligned}销售使用过的小汽车应纳增值税额 &= 140\,000\div(1+4\%)\times4\%\times50\%\\&=2\,692.31(元)\end{aligned}$$

$$\begin{aligned}当月应纳增值税额 &= 76\,529.06-118\,267.69+2\,692.31\\&=-39\,046.32(元)\end{aligned}$$

案例 4

分析：税务机关认为企业少计收入、逃避税款，要求企业补缴增值税。其认定是正确的。处罚应按《税收征管法》的相应规定执行。

家电商场销售电器并负责安装的行为属于增值税的混合销售行为，其提供安装劳务收取的劳务费应并入销售额计征增值税。其会计处理如下：

借：银行存款

　　贷：其他业务收入

　　　　应交税费——应交增值税（销项税额）

案例 5

分析：企业回收酒瓶的会计处理不正确。税务局的意见正确。

啤酒厂收取押金时，会计处理为：

借：银行存款

　　贷：其他应付款

退还押金时，会计处理为：

借：其他应付款

　　贷：银行存款

但因为啤酒厂未全部退还押金，并且企业在 2 年前共发出酒瓶 3 000 万只，当年回收 2 500 万只。逾期包装物没收的押金应并入当期销售额计征增值税。其会计处理为：

借：其他应付款

　贷：其他业务收入

　　应交税费——应交增值税（销项税额）

第 4 章

Chapter 4 消费税会计

学习目标

本章重点阐述了消费税会计的确认、计量、记录与申报等问题。通过本章的学习，应当掌握消费税应纳税额的计算（从不同的纳税环节）、会计处理（主要包括销售环节、委托加工环节、进口环节）与纳税申报；理解消费税的特点及其与增值税的关系；了解消费税设置的意义。

学习指导

1. 学习重点：(1) 消费税的征税范围；(2) 消费税应纳税额的计算（从价计征、从量计征和混合计征三种计税方法）及其会计处理。

2. 学习难点：不同纳税环节应纳消费税额的计算及其会计处理。

练习题

一、名词解释

1. 消费税　　2. 自产自用应税消费品　　3. 委托加工应税消费品

二、单项选择题

1. 根据我国现行的消费税制度，下面各种说法不正确的是（　　）。

A. 消费税是价内税

B. 消费税是选择部分生活消费品课税

C. 消费税对同一消费品只能课征一次

D. 消费税实行的是差别比例税率

2. 某企业将一批自产化妆品作为促销礼品随产品出售，化妆品生产成本 7 000元，无同类产品售价，则其应缴消费税为（　　）元（消费税成本利润率为 5%，税率为 30%）。

A. 3 150　　B. 3 110　　C. 7 350　　D. 10 500

3. 对于从价征收消费税的应税消费品，计税销售额需要组成计税价格确定时，下列公式错误的是（　　）。

A. 生产销售环节组成计税价格=成本×(1+成本利润)÷(1−消费税税率)

B. 进口环节组成计税价格=(关税完税价格+关税)÷(1+消费税税率)

C. 进口环节组成计税价格=关税完税价格+关税+消费税

D. 委托加工环节组成计税价格=(材料成本+加工费)÷(1−消费税税率)

4. 下列关于消费税纳税义务发生时间的说法正确的是（　　）。

A. 预收货款结算方式下为发出应税消费品的当天

B. 赊销方式下为收到货款当天

C. 预收货款结算方式下为收到货款当天

D. 分期收款结算方式下为实际收款日期

5. 某进出口公司当年 9 月 7 日报关进口一批小轿车，海关于当日填开完税凭证，该公司进口消费税和增值税最后的纳税时间为（　　）。

A. 9 月 13 日　　B. 9 月 14 日

C. 9 月 16 日　　D. 9 月 21 日

6. 纳税人用于投资入股的应税消费品，其消费税的处理是（　　）。

A. 不征消费税

B. 按同类商品平均售价计征消费税

C. 按市场价格计征消费税

D. 按同类商品最高售价计征消费税

7. 下列项目中，符合消费税纳税地点规定的是（　　）。

A. 自产自用的应税消费品在使用地纳税

B. 委托个体加工应税消费品的，在受托方所在地纳税

C. 总、分机构不在同一县（市）的，在总机构所在地纳税

D. 委托外地代销的，销售后向机构所在地纳税

8. 纳税人进口金银首饰，其消费税的纳税环节是（　　）。

A. 进口环节　　B. 批发环节

C. 零售环节　　D. 进口和零售环节

9. 委托加工组成计税价格公式中的“实际成本”，是指（　　）。

A. 委托方提供加工材料的实际成本，含增值税

B. 委托方提供加工材料的实际成本，不含增值税

C. 受托方提供加工材料的实际成本，含增值税

D. 受托方提供加工材料的实际成本，不含增值税

10. 下列应视同销售缴纳消费税的情况是（　　）。

A. 将外购已税消费品继续加工成应税消费品

B. 将委托加工收回的应税消费品继续加工成应税消费品

C. 自制应税消费品继续加工成应税消费品

D. 自制应税消费品用于向外单位投资

11. A厂委托B厂加工一批应税消费品，A厂提供的原材料成本为54 000元，B厂收取加工费9 000元，该应税消费品适用税率为30%，受托的B厂没有同类消费品的销售价格。A厂将委托加工的已税消费品一半用于直接销售，一半用于继续生产最终应税消费品后销售，取得销售收入额89 000元，适用税率为40%。A厂实际负担的消费税额为（　　）元。

A. 8 600　　B. 49 100　　C. 4 028.5　　D. 22 100

12. 纳税人委托个体经营者加工应税消费品，消费税应（　　）。

A. 由受托方代收代缴

B. 由委托方在受托方所在地缴纳

C. 由委托方收回后在委托方所在地缴纳

D. 由委托方在受托方或委托方所在地缴纳

13. 某酒厂研发生产一种新型粮食白酒，第一批1 000千克，成本为17万元，作为礼品赠送品尝，没有同类售价。已知粮食白酒的成本利润率为10%，则该批酒应纳消费税额为（　　）万元。

A. 4.8　　B. 6.55　　C. 7.91　　D. 8.20

14. 甲企业委托乙企业加工一批应税消费品，甲企业提供原材料，实际成本为7 000元（不含税），支付加工费2 000元（不含税），另开具普通发票收取代垫材料款500元，适用税率10%，受托方无同类消费品价格，则乙企业代收代缴消费税（　　）元。

A. 1 055.56　　B. 1 047.48　　C. 1 050　　D. 1 054.59

15. 下列免征消费税的货物是（　　）。

A. 子午线轮胎　　B. 翻新轮胎

C. 进口化妆品　　D. 痱子粉、爽身粉

16. 由于消费税属价内税，企业销售应税消费品的售价包含消费税（不含增值税），因此，企业缴纳的消费税应记入（　　）账户的借方，由销售收入补偿。

A. “主营业务成本”　　B. “其他业务成本”

C. “营业外支出”　　D. “营业税金及附加”

17. 红星果酒厂本月销售果啤10吨，售价2 500元/吨，同时包装物收押金5 000元，则下列陈述正确的是（　　）。

A. 该厂应纳消费税额2 200元

B. 该厂应纳消费税额2 500元

C. 确定税率时押金不作考虑

D. 果啤押金并入计税价格一同计税

18. 按没收的押金计算应缴的增值税、消费税，贷记“应交税费”，扣除应交税金后的余额，贷记（　　）科目。

A. “营业外收入”　　B. “其他业务收入”

C. “主营业务收入”　　D. “营业税金及附加”

19. 现行消费税的计税依据是（　　）。

A. 含消费税而不含增值税的销售额

B. 含消费税且含增值税的销售额

C. 不含消费税而含增值税的销售额

D. 不含消费税也不含增值税的销售额

20. 纳税人采用以旧换新方式销售的金银首饰，其征收消费税的计税依据是（　　）。

A. 同类新金银首饰的销售价格

B. 实际收取的含增值税的全部价款

C. 实际收取的不含增值税的全部价款

D. 同类新金银首饰的含税销售价格

三、多项选择题

1. 消费税不同应税产品的纳税环节包括（　　）。

A. 批发环节　　B. 进口环节

C. 零售环节　　D. 生产销售环节

2. 下列应税消费品中，采用复合计税方法计算消费税的有（　　）。

A. 烟丝　　B. 卷烟

C. 白酒　　D. 酒精

3. 某化妆品公司将一批自产化妆品用作职工福利，其成本为8万元，消费税税率为30%，消费税成本利润率为5%，则其计税销售额（组成计税价格）为（　　）。

A. 消费税组成计税价格为12万元

B. 消费税组成计税价格为7.78万元

C. 增值税组成计税价格为12万元

D. 增值税组成计税价格为8.8万元

4. 纳税人用于（　　）的应税消费品，应以其同类应税消费品的最高销售额为依据计算消费税。

A. 投资入股　　B. 抵偿债务

C. 换取生产资料　　D. 换取生活资料

5. 下列关于消费税纳税地点的阐述正确的有（　　）。

A. 自产自用应税消费品，应在使用地主管税务机关申报纳税

B. 委托加工的应税消费品，受托方（除受托方为个人外）向机构所在地主管税务机关申报纳税

C. 进口的应税消费品，进口人或代理人向报关地海关申报纳税

D. 委托外地单位代销自产应税消费品的，向代销地税务机关申报纳税

6. 下列项目中，不符合消费税纳税义务发生时间规定的有（　　）。

A. 分期收款方式下，为合同规定的收款日期的当天

B. 预收货款方式下，为货物发出的当天

C. 赊销方式下，为货物发出的当天

D. 报关进口的货物为报关进口后的 7 天内

7. 以下关于消费税纳税期限的阐述正确的有（　　）。

A. 纳税人以 1 个月为一纳税期的，自期满之日起 15 日内预缴税款

B. 纳税人以 1 个月为一纳税期的，自期满之日起 15 日内申报纳税

C. 纳税人以 1 个季度为一纳税期的，自期满之日起 15 日内申报纳税

D. 纳税人以 1 个季度为一纳税期的，自期满之日起 15 日内预缴税款

8. 应税消费品连同包装物一并出售的，无论包装物是否单独计价核算，原则上均应并入应税消费品的销售额中缴纳（　　）。

A. 城建税　　B. 增值税

C. 教育费附加　　D. 消费税

9. 应税消费品销售实现时，按规定计算的应缴消费税，其正确的会计分录为（　　）。

A. 借：营业税金及附加

　　贷：应交税费——应交消费税

B. 借：应交税费——应交消费税

　　贷：银行存款

C. 借：其他业务成本

　　贷：应交税费——应交消费税

D. 借：营业外支出

　　贷：应交税费——应交消费税

10. 企业以应税消费品对外投资时，正确的会计分录为（　　）。

A. 借：长期股权投资

　　贷：产成品

　　　　应交税费——应交增值税（销项税额）

　　　　　　　　——应交消费税

B. 借：长期股权投资

　　　存货跌价准备

　　贷：产成品

　　　　应交税费——应交增值税（销项税额）

　　　　　　　　——应交消费税

C. 借：长期股权投资

　　贷：自制半成品

　　　　应交税费——应交增值税（销项税额）

　　　　　　　　——应交消费税

D. 借：长期股权投资

　　　存货跌价准备

　　贷：自制半成品

　　　　应交税费——应交增值税（销项税额）

　　　　　　　　——应交消费税

11. 企业将自产应税消费品用于在建工程、职工福利等，当企业将应税消费品移送自用时，按其成本转账，借记（　　）等。

A. “在建工程”　　B. “营业外支出”

C. “应付职工薪酬”　　D. “销售费用”

12. 进口应税消费品时，进口单位缴纳的消费税应计入应税消费品成本。按进口成本连同应纳关税、消费税、增值税，借记（　　）等账户。

A. “固定资产”　　B. “原材料”

C. “物资采购”　　D. “生产成本”

13. 消费税是对我国境内从事生产、委托加工应税消费品的单位和个人，就其（　　）在特定环节征收的一种税。

A. 销售额　　B. 所得额　　C. 生产额　　D. 销售数量

14. 卷烟回购企业从联营企业回购卷烟后再直接销售，不论是否加价，不再征收消费税的条件是（　　）。

A. 回购企业在委托联营企业加工时应提供卷烟牌号

B. 提供税务机关已公示的消费税计税价格

C. 提供原材料并支付加工费

D. 回购后，其销售收入和自产卷烟的销售收入应分开核算

15. 下列经营业务中，应征收消费税的有（　　）。

A. 大型超市零售的卷烟

B. 日化厂将自产化妆品用于广告样品

C. 汽车厂将自产小客车用于投资

D. 日化厂将护肤护发品用于促销赠送

16. 某汽车制造厂本月生产排放达到欧洲低污染标准的越野车（消费税税率为8%）100辆，当月售出90辆，2辆作为样品宣传，每辆不含税价格为12万元，本月购进可抵扣进项税78万元，下列说法正确的有（　　）。

A. 应纳消费税61.824万元　　B. 应纳消费税60.48万元

C. 应纳增值税109.68万元　　D. 应纳增值税105.60万元

17. 下列属于零售环节征收消费税的货物有（　　）。

A. 珠宝玉石　　B. 金银首饰

C. 钻石饰品　　D. 钻石

18. 下列应税消费品，以同期应税消费品最高销售价格作为计税依据的有（　　）。

A. 用于抵偿债务的应税消费品　　B. 用于馈赠的应税消费品

C. 换取生产资料的应税消费品　　D. 换取消费资料的应税消费品

19. 应税消费品数量是纳税期的销售数量，下列关于销售数量的确定正确的有（　　）。

A. 销售自产应税消费品的，为应税消费品的销售量

B. 自产自用应税消费品的，为应税消费品的入库数量

C. 委托加工应税消费品的，为纳税人收回的应税消费品数量

D. 进口的应税消费品，为海关核定的应税消费品进口征税量

20. 现行消费税税率实行（　　）三种形式。

A. 固定税率　　B. 从价比例税率

C. 从量定额税率　　D. 复合计税

四、计算题

1. 某首饰厂为增值税一般纳税人，主要生产各种金银首饰及金银镶嵌首饰。当年6月份发生以下业务：

(1) 销售纯金首饰，取得不含税销售额30万元，销售金银镶嵌首饰取得不含税销售额12万元。

(2) 销售宝石饰品，取得不含税收入20万元，随产品销售的包装物与所售货物分别核算，取得含税销售额1万元。

(3) 将自产黄金项链5条作为礼品赠送国外前来参观的客户，每条成本0.2万元，无同类产品售价（成本利润率为6%）。

(4) 购进已税宝石一批，取得已认证的防伪税控增值税专用发票上注明价款18万元，本月有60%用于连续加工宝石饰品并销售，另有30%用于连续加工金银镶嵌首饰，还有10%库存待用。

(5) 购进标准黄金一批，取得已认证的防伪税控增值税专用发票上注明价款28万元，增值税4.76万元，支付运输企业运输费0.5万元，取得运输发票(其中注明的保险费为0.3万元)。

要求:

(1) 计算该企业6月应纳消费税。

(2) 计算该企业6月应纳增值税。(金银首饰消费税税率为5%，其他首饰消费税税率为10%。)

2. 某汽车轮胎厂为增值税一般纳税人，当年11月发生以下业务:

(1) 本月销售给一汽车修理厂（小规模纳税人）汽车轮胎，开具普通发票上注明价款为23.4万元。

(2) 销售农用拖拉机专用轮胎，开具增值税专用发票上注明销售额10万元。

(3) 销售农用拖拉机通用轮胎，取得价税合计款40万元。

(4) 以成本价转给统一核算的门市部汽车轮胎30万元，门市部当月取得含税收入39.78万元。

(5) 本月外购汽车轮胎取得防伪税控增值税专用发票上注明价款20万元，本月生产领用80%，发票本月已认证。

要求: 计算该纳税人当月应纳消费税和增值税（轮胎适用消费税税率为10%)。

3. 某卷烟厂为增值税一般纳税人，当年10月份发生下列经济业务:

(1) 购进A种烟丝一批，取得经税务机关认证的防伪税控系统增值税专用发票注明的价款为100 000元，供货方代垫运费1 000元，材料已验收入库。货款及运费已付，取得运费发票注明的运费600元、建设基金200元、保管费100元、装卸费100元。A种烟丝本月有一半被生产甲、乙两种卷烟所耗用。

(2) 购进B种烟丝一批，取得经税务机关认证的防伪税控系统增值税专用发票注明的价款为40 000元，款项已付，材料尚未入库。

(3) 购进机器设备一台，取得的增值税专用发票注明的价款为300 000元，增值税51 000元，款已支付，支付安装费30 000元，设备已投入使用。

(4) 按受某公司投资转入材料一批，取得经税务机关认证的防伪税控系统增值税专用发票注明的价款为100 000元，增值税17 000元，材料已验收入库。

(5) 上月购入的A种烟丝因火灾损失30 000元，等待处理。

(6) 销售甲类卷烟8箱，增值税专用发票注明的价款为200 000元。

(7) 以自产乙类卷烟2箱10 000元(成本价)赠送友好单位。

(8) 从农民手中收购一批烟叶,开具主管税务机关批准使用的收购凭证,注明金额200 000元。

(9) 将收购的烟叶100 000元(收购价)发往丙企业,委托丙企业加工烟丝,支付加工费5 000元,增值税850元;丙企业无同类烟丝的销售价格,取得丙企业开具的防伪税控系统专用发票。

(10) 将委托加工收回的烟丝直接出售,取得不含税价款180 000元,增值税30 600元。

要求:

(1) 计算烟厂本月应纳增值税额;

(2) 计算丙企业代收代缴的消费税;

(3) 计算烟厂本月应纳消费税税额。

(注:已知成本利润率为10%,烟丝消费税税率为30%,卷烟消费税定额税率为每箱(50 000支)150元,比例税率为56%(甲种卷烟每标准条对外调拨价格在70元以上)和36%(乙种卷烟每标准条对外调拨价格在70元以下)。)

4. 某酒厂当年5月发生以下业务:

(1) 以外购粮食白酒和自产糠麸白酒勾兑的散装白酒1吨并销售,取得不含税销售额3.8万元,货款已收到。

(2) 自制粮食白酒5吨,对外售出4吨,取得不含税销售额20万元(含包装费3万元),另收取包装物押金(单独核算)0.2万元。

(3) 自产药酒1 200斤,全部售出,普通发票上注明销售额7.2万元。

(4) 从另一酒厂购入粮食白酒800斤(已纳消费税0.4万元),全部勾兑成低度白酒出售,数量1 000斤,取得不含税销售额2.5万元。

(5) 为厂庆活动特制粮食白酒2 000公斤,全部发放给职工,无同类产品售价。每公斤成本为15元。

要求:请计算该酒厂本月应纳消费税。

(注:白酒定额税率为0.5元/斤,比例税率为20%,药酒比例税率为10%,粮食白酒的成本利润率为10%。)

5. 某鞭炮厂(增值税一般纳税人)当年为扩大销路自设三处非独立核算门市部销售鞭炮。该厂2月份将价款为54 325元(不含税)的鞭炮交给门市部;门市部本月将其售出,实现销售额69 768元(不含税)。本厂财务部门按54 325元作销售账务处理,月末按销项税额9 235.25元(54 325×17%)缴纳了增值税,并按8 148.75元(54 325×15%)缴纳了消费税。将门市部多收入的15 443元(69 768−54 325)作为福利分给了职工。

要求:按有关税法规定分析以上做法是否正确。如不正确,应如何处理?

6. 某市烟草集团公司为增值税一般纳税人，持有烟草批发许可证，今年 3 月购进已税烟丝 800 万元（不含增值税），委托 M 企业加工甲类卷烟 500 箱（250 条/箱，200 支/条），M 企业按每箱 0.1 万元收取加工费（不含税），当月 M 企业按正常进度投料加工生产卷烟 200 箱交由集团公司收回。集团公司将其中 20 箱销售给烟草批发商 N 企业，取得含税销售收入 86.58 万元；80 箱销售给烟草零售商 Y 专卖店，取得不含税销售收入 320 万元；100 箱作为股本与 F 企业合资成立一家烟草零售经销商 Z 公司。

注：烟丝消费税率为 30%，甲类卷烟生产环节消费税税率为 56%加 0.003 元/支。

要求：根据以上资料，按以下顺序回答问题，每问需计算出合计数。

（1）计算 M 企业当月应代收代缴的消费税。

（2）计算集团公司向 N 企业销售卷烟应缴纳的消费税。

（3）计算集团公司向 Y 专卖店销售卷烟应缴纳的消费税。

（4）计算集团公司向 Z 公司投资应缴纳的消费税。

五、业务题

1. **资料**：某汽车制造厂 10 月份发生有关业务如下：

（1）6 日，对外销售气缸容量 2.2 升以上乘用车 15 辆，每辆出厂价 16 万元、价外收费 1 万元，对外销售气缸容量 2.0 升的乘用车 15 辆，每辆出厂价 11 万元、价外收费 0.6 万元，开出专用发票，以银行本票收讫。

（2）18 日，某单位退回上月购买的气缸容量 2.4 升以上的乘用车 1 辆，价款 21 万元，据“证明单”开出红字专用发票，退回已纳消费税，冲减增值税。

（3）20 日，以自产乘用车（气缸容量 2.0 升）18 辆向市出租汽车公司投资。双方协议，每辆汽车价款 8 万元、账面成本 6 万元。

（4）23 日，将自产的小客车 2 辆自用，该类小客车（气缸容量 3.0 升）无对外销售价格，已知每辆生产成本 7.5 万元。

（5）28 日，以自产乘用车（气缸容量 3.5 升）3 辆换回企业所需原材料，每辆乘用车生产成本 12 万元，支付相关费用 2 200 元，不涉及补价。

该厂生产的乘用车燃气排放符合减征消费税标准。

要求：根据以上资料，作出有关消费税、增值税的会计处理。

2. **资料**：某百货商场系增值税一般纳税人，经省人民银行批准，持有经营金银制品业务许可证。饰品柜台经营金银首饰、钻石销售业务，12 月份该柜台销售业务如下：

（1）销售金项链 100 条，收入（含税，下同）95 830 元；

（2）售出金戒指 50 枚，收入 39 000 元；

（3）售出镀金首饰若干枚，收入 3 800 元；

(4) 售出包金首饰，收入 2 400 元；

(5) 为调剂品种，售给某商店（无经营金银制品业务许可证）金戒指 50 枚，售价 33 000 元。

要求：计算该柜台当月应缴消费税、增值税，并作相应的会计处理。

六、案例题

案例 1

某国有卷烟厂为完成地方政府下达的“包税”任务，平时在购进原料时，将应抵扣的增值税额挂账处理，做会计分录如下：

借：原材料

其他应收款——进项税额抵扣

贷：银行存款等

当年，某一品牌卷烟因提价而使消费税税率提高，再加上复合计税，若按税法规定计算，企业就会出现亏损，不好向地方政府“交代”。经企业领导“研究”，决定将当年销售收入“改小”，即少算应缴消费税。企业会计人员遵从领导意见，在进行消费税会计处理时，少计消费税×××万元，企业当年不但不亏，反而盈利。第 2 年，财政部特派办进行纳税检查时发现企业该违法行为，除补缴税款和罚款外，还对企业领导、有关会计人员给予撤职处分。企业不少人认为“冤枉”，认为是“包税”使他们对该抵扣的进项税额不敢抵扣，为了平衡，不得不故意少计消费税。（根据某省某卷烟厂某年实际情况整理。）

分析要求：

(1) 谈谈你对“包税”的认识。

(2) 该卷烟厂冤不冤？为什么？

(3) 在这种情况下，会计人员应该怎么办？

案例 2

酒厂（增值税一般纳税人）当年 12 月发生以下业务：

(1) 从经销单位购入大麦，取得专用发票上注明的不含税价为 26 万元，货已入库。

(2) 购入其他原料，取得普通发票上注明的价款为 15.4 万元，货已入库。

(3) 提供价税混计 3.51 万元的原料委托另一酒厂加工酒精，支付加工费及税金共 0.234 万元，取得专用发票。收回后全部投入生产，加工成粮食白酒。

(4) 销售粮食白酒 140 吨，不含税价 84 万元，另收包装物押金 9 万元。按合同规定，本月预收货款 42 万元，其余款项下月收到货后 16 日内付清。12 月 24 日将此批货发出。

(5) 将不含税价为 12 万元的粮食白酒 20 吨交本厂非独立核算门市部销售，

门市部零售 30 000 斤，取得零售价款 13.5 万元。

企业按以下办法缴纳了增值税和消费税。

增值税额＝42×17%＋13.5÷1.17×17%－26×13%＝5.72(万元)

消费税额＝140×2 000×0.5＋420 000×25%＋20×2 000×0.5＋120 000 ×25%－(35 100＋2 340)÷1.17÷(1－25%)×25%

＝140 000＋105 000＋20 000＋30 000－10 666.66

＝284 333.34(万元)

分析要求：酒厂做法是否正确？指出错误并进行正确计算。

案例 3

某日用化工厂系增值税一般纳税人，同时生产、销售化妆品和普通护肤护发品。津达税务师事务所接受该厂委托，派注册税务师对其今年第二季度纳税情况进行代理审查，发现该厂在促销活动中，将部分化妆品和护肤护发品组成套装，共销售套装产品 2 000 箱，每箱含增值税价格 468 元（单独销售时价格分别为化妆品 257.4 元、护肤护发品 210.6 元），随同价款向买方收取延期付款利息 11 700 元。销售时开具普通发票，并通过银行转账方式收到全部价款。

企业对套装销售的会计处理如下：

借：银行存款	947 700	
贷：主营业务收入		800 000
财务费用		11 700
应交税费——应交增值税（销项税额）		136 000
借：营业税金及附加	132 000	
贷：应交税费——应交消费税		132 000

同时，企业已按抵扣全部进项税额后的应纳增值税额和化妆品销售额负担的消费税计提了城市维护建设税和教育费附加。

分析要求：日化厂该项销售业务的会计处理是否正确？说明理由并进行正确的税务处理和会计处理。

资料来源：《中国税务报》，2006-07-24，作者薛东成、李金锋，本文略有删改。

参考答案

一、名词解释

1. 消费税，是对在我国境内从事生产、委托加工和进口应税消费品的单位和个人征收的一种流转税。

2. 自产自用应税消费品，是纳税人生产应税消费品后，不直接对外销售，而是用于连续生产应税消费品或其他方面。

3. 委托加工应税消费品，是指由委托方提供原料或主要材料，受托方只收取加工费和代垫部分辅助材料进行加工的应税消费品。

二、单项选择题

1. D	2. A	3. B	4. A	5. D
6. D	7. D	8. C	9. B	10. D
11. B	12. C	13. A	14. B	15. A
16. D	17. B	18. B	19. A	20. C

三、多项选择题

1. ABCD	2. BC	3. AC	4. ABCD	5. BC
6. CD	7. BC	8. BD	9. AC	10. ABCD
11. ABCD	12. ABC	13. AD	14. ABD	15. BCD
16. AC	17. BCD	18. ACD	19. ACD	20. BCD

四、计算题

1. (1) 应纳消费税。金银及金银镶嵌首饰在零售环节缴消费税，生产销售环节不缴消费税；但作为礼品赠送的金银首饰，视同零售，无售价需要组价计税；宝石饰品在生产环节缴纳消费税，对外购已税珠宝、玉石连续加工宝石饰品的已纳消费税可按生产领用数量扣除。

$$
\begin{aligned}
\text{应纳消费税额} &= 20\times10\%+1\div1.17\times10\%+0.2\times5\times(1+6\%)\\
&\quad \div(1-5\%)\times5\%-18\times60\%\times10\%\\
&=2+0.09+0.06-1.08\\
&=1.07(\text{万元})
\end{aligned}
$$

(2) 应纳增值税。

$$
\begin{aligned}
\text{销项税额} &= (30+12+20+1\div1.17)\times17\%+0.2\times5\times(1+6\%)\\
&\quad \div(1-5\%)\times17\%\\
&=10.88(\text{万元})
\end{aligned}
$$

$$
\begin{aligned}
\text{进项税额} &= 18\times17\%+4.76+(0.5-0.3)\times7\%\\
&=7.83(\text{万元})
\end{aligned}
$$

$$\text{应纳增值税额}=10.88-7.83=3.05(\text{万元})$$

2. (1) 应纳消费税。

1) 销售汽车轮胎应纳消费税 $=23.4\div(1+17\%)\times10\%=2$ (万元)

2) 农用拖拉机专用轮胎不属消费税征收范围。

3) 农用拖拉机通用轮胎应纳消费税 $=40\div(1+17\%)\times10\%$

$=3.42$ (万元)

4）门市部当月销售汽车轮胎应纳消费税＝39.78÷(1＋17％)×10％

＝3.4（万元）

5）外购汽车轮胎准予抵扣的消费税＝20×10％×80％＝1.6（万元）

本月应纳消费税额＝2＋3.42＋3.4－1.6＝7.22(万元)

（2）应纳增值税。

销项税额＝23.4÷(1＋17％)×17％＋10×17％＋40÷(1＋17％)

×17％＋39.78÷(1＋17％)×17％

＝16.69(万元)

进项税额＝20×17％＝3.4(万元)

应纳增值税额＝16.69－3.4＝13.29(万元)

3.（1）烟厂本月应纳增值税税额。

1）销项税额＝200 000×17％＋10 000×(1＋10％)÷(1－30％)×17％

＋30 600

＝67 271.43(元)

(注：自产乙种卷烟2箱赠送友好单位，按视同销售处理，缴纳消费税和增值税，从价征收的部分应按组成计税价格计算。)

2）政策说明：

a. 农产品扣除率为13％；

b. 自2003年3月1日，一般纳税人外购货物取得防伪税控系统增值税专用发票，经认证可以作为当期进项税额抵扣；

c. 接受投资的货物，取得防伪税控系统增值税专用发票，经认证可以作为当期进项税额抵扣；

d. 烟丝因火灾损失，原抵扣的进项税额应做进项税额转出处理；

e. 自2009年1月1日起，购进固定资产的进项税额允许抵扣。

本月允许抵扣的进项税额＝100 000×17％＋(600＋200)×7％＋40 000

×17％＋51 000＋17 000－30 000×17％

＋200 000×13％＋850

＝113 606(元)

3）本月应纳增值税额＝67 271.43－113 606＝－46 334.57（元）

当期销项税额不足抵扣，应结转下期继续抵扣。

（2）丙企业代收代缴消费税。丙企业无同类烟丝的销售价格，需要计算组成计税价格。

组成计税价格＝[100 000×(1－13%)＋5 000]÷(1－30%)

＝131 428.57(元)

丙企业代收代缴的消费税额＝131 428.57×30%＝39 428.57(元)

(3) 计算本月应缴纳消费税。

1) 销售卷烟应纳的消费税＝200 000×56%＋8×150＋[10 000×(1＋10%)＋300]÷(1－36%)×36%＋2×150

＝119 856.25(元)

2) 生产领用烟丝可以抵扣的消费税额＝100 000÷2×30%＝15 000（元）

3) 本月应纳消费税额＝119 856.25－15 000＝104 856.25（元）

4. 白酒实行复合计税，且外购已税酒精生产的白酒不准予扣除外购部分已纳消费税；药酒实行从价计税方法。

(1) 对外购粮食和薯类、糠麸等多种原料混合生产的白酒，按粮食白酒税率征税。

从量计征的消费税额＝1×2 000×0.5＝1 000 元＝0.1(万元)

(注：1 吨＝1 000 公斤＝2 000 斤)

从价计征的消费税额＝3.8×20%＝0.76(万元)

(2) 销售白酒应纳的消费税。

从量计征的消费税额＝4×2 000×0.5＝4 000(元)＝0.4(万元)

从价计征的消费税额＝[20＋0.2÷(1＋17%)]×20%＝4.03(万元)

(3) 药酒实行从价计征消费税。

药酒应纳消费税额＝7.2÷(1＋17%)×10%＝0.62(万元)

(4) 外购白酒勾兑低度酒销售，外购白酒已纳消费税不得扣除。低度白酒按粮食白酒征收消费税。

从量计征的消费税额＝1 000×0.5＝500(元)＝0.05(万元)

从价计征的消费税额＝2.5×20%＝0.5(万元)

(5) 视同销售的白酒应纳的消费税。

从量计征的消费税额＝2 000×2×0.5＝2 000(元)＝0.2(万元)

从价计征的消费税额＝15×2 000×(1＋10%)÷(1－20%)×20%

＝8 250(元)＝0.825(万元)

(6) 本月应纳消费税＝0.1＋0.76＋0.4＋4.03＋0.62＋0.05＋0.5＋0.2＋0.825

＝7.485（万元）

5. (1) 鞭炮厂的做法是不对的。应按非独立核算门市部的实际销售额计征增值税和消费税，不能按54 325元计算相关税款。

(2) 应按以下办法补缴增值税和消费税。

应补缴增值税额＝69 768×17%－54 325×17%＝2 625.31(元)

应补缴消费税额＝(69 768－54 325)×15%＝2 316.45(元)

6. (1) 计算M企业当月应代收代缴的消费税：

$$\text{M企业代收代缴的消费税}=\frac{800+500\times 0.1+500\times 150/10\,000}{1-56\%}\times 200/500\times 56\%+200\times 150/10\,000=439.55(\text{万元})$$

(2) 计算集团公司向N企业销售卷烟应缴纳的消费税。

批发商之间销售卷烟不缴纳消费税。

(3) 计算集团公司向Y专卖店销售卷烟应缴纳的消费税。

批发卷烟按照5%的税率计征消费税。

应纳消费税额＝320×5%＝16(万元)

(4) 计算集团公司向Z公司投资应缴纳的消费税。

应纳消费税额＝320/80×100×5%＝20(万元)

投资零售企业按照批发行为缴纳消费税。

五、业务题

1. (1) 2.2升以上的小轿车。

应纳消费税＝(160 000＋10 000)×8%×15＝204 000(元)

应纳增值税＝(160 000＋10 000)×17%×15＝433 500(元)

1.0升～2.2升的小轿车。

应纳消费税＝(110 000＋6 000)×5%×15＝87 000(元)

应纳增值税＝(110 000＋6 000)×17%×15＝295 800(元)

会计处理如下：

借：银行存款	5 019 300	
贷：主营业务收入		4 290 000
应交税费——应交增值税（销项税额）		729 300
借：营业税金及附加	291 000	
贷：应交税费——应交消费税		291 000

(2) 借：应交税费——应交消费税　　10 500
　　贷：营业税金及附加　　10 500
借：银行存款　　10 500
　贷：应交税费——应交消费税　　10 500
借：主营业务收入　　210 000
　　应交税费——应交增值税（销项税额）　　35 700
　贷：银行存款　　245 700

(3) 应纳增值税＝80 000×18×17%＝244 800（元）
应纳消费税＝80 000×18×5%＝72 000（元）
借：长期股权投资　　1 396 800
　贷：库存商品　　1 080 000
　　应交税费——应交增值税（销项税额）　　244 800
　　　　　　——应交消费税　　72 000

(4) 组成计税价格＝[75 000×(1＋5%)]÷(1－8%)＝85 597.83(元)
应纳消费税＝85 597.83×2×8%＝13 695.65（元）
应纳增值税＝85 597.83×2×17%＝29 103.26（元）
借：在建工程等　　192 798.91
　贷：库存商品　　150 000
　　应交税费——应交增值税（销项税额）　　29 103.26
　　　　　　——应交消费税　　13 695.65

(5) 销售小轿车组成计税价格＝120 000×(1＋8%)÷(1－8%)
＝140 869.57(元)
应交增值税＝140 869.57×3×17%＝71 843.48(元)
应交消费税＝140 869.57×3×8%×(1－30%)＝23 666.09(元)
借：原材料　　366 600
　应交税费——应交增值税（进项税额）　　71 843.48
　贷：库存商品——小轿车　　360 000
　　应交税费——应交增值税（销项税额）　　71 843.48
　　银行存款　　6 600
借：营业税金及附加　　23 666.09
　贷：应交税费——应交消费税　　23 666.09

2. 应纳增值税销项税额＝[(95 830＋39 000＋3 800＋2 400＋33 000)
÷(1＋17%)]×17%
＝25 286.41（元）

应纳消费税额＝[(95 830＋39 000＋33 000)÷(1＋17%)]×5%
＝7 172.22(元)

根据以上计算，作会计分录如下：

借：银行存款　　174 030
　贷：主营业务收入　　148 743.59
　　应交税费——应交增值税（销项税额）　　25 286.41

计提金银首饰消费税：

借：营业税金及附加　　7 172.22
　贷：应交税费——应交消费税　　7 172.22

六、案例题

案例 1

分析：

(1) 本案例中的“包税”是为了地方财政收入，违反了《税收征管法》。

(2) 该卷烟厂被税务机关处罚是有法可依的。《税收征管法》第 29 条规定：除税务机关、税务人员以及经税务机关依照法律、行政法规委托的单位和人员外，任何单位和个人不得进行税款征收活动，也就是说“税款不容承包”。再者，该卷烟厂为“包税”而“改小”收入，违反了《税收征管法》的有关规定。

(3) 会计人员应严格执行《会计法》及《税收征管法》的有关规定。

案例 2

分析：

酒厂增值税计算有误：

(1) 按税法有关规定，应按 84 万元计算销项税额，包装物应计销项税额。

(2) 随加工费支付的进项税额可以抵扣。

(3) 应纳增值税额＝(84＋9÷1.17)×17%＋13.5÷1.17×17%－26×13%
－0.234÷1.17×17%
＝15.59＋1.96＋3.38－0.034
＝14.14（万元）

酒厂消费税计算有误。

(1) 应按非独立核算门市部的售价和销量计征消费税。

(2) 委托加工酒类产品已纳消费税不得扣除。

(3) 应纳消费税额＝(140×2 000×0.5÷10 000)＋(84＋9÷1.17)×25%
＋(30 000×0.5÷10 000)＋13.5÷1.17×25%
＝41.3（万元）

案例 3

分析：该项销售业务的会计处理不正确，存在的问题是：

（1）套装销售的计税依据错误。虽然 2006 年 4 月 1 日起执行的《财政部 国家税务总局关于调整和完善消费税政策的通知》（财税［2006］33 号）规定，取消护肤护发品税目，将原属于护肤护发品征税范围的高档护肤类化妆品列入化妆品税目，但又同时规定，纳税人将自产的应税消费品与外购或自产的非应税消费品组成套装销售的，以套装产品的销售额（不含增值税）为计税依据。在此案例中，纳税人将普通护肤护发品（非应税消费品）与化妆品（应税消费品）以套装形式销售，要根据《消费税税目税率（税额）表》中化妆品的适用税率 30%计算缴纳消费税。而该企业片面地理解了消费税调整政策，只就化妆品部分的销售额计算纳税，缩小了消费税税基，造成少缴消费税。

（2）价外费用未并入销售额计算纳税。依据《增值税暂行条例实施细则》和《消费税暂行条例实施细则》的规定，随同价款向对方收取的延期付款利息属于价外费用。凡价外费用，无论其会计制度如何核算，均应并入销售额计算应纳税额。而企业将随同产品销售一并收取的延期付款利息全部冲减了财务费用，申报纳税时也未并入销售额，少缴了增值税和消费税。

同时，由于套装销售的计税依据错误和价外费用未并入销售额，造成少缴城建税和教育费附加。

正确的税务处理和会计处理如下：

该项销售业务应税销售额＝800 000＋11 700÷(1＋17%)＝810 000(元)

应补增值税＝810 000×17%－136 000＝1 700(元)

应补消费税＝810 000×30%－132 000＝111 000(元)

应补城市维护建设税＝(1 700＋111 000)×7%＝7 889(元)

应补教育费附加＝(1 700＋111 000)×3%＝3 381(元)

调整分录为：

借：财务费用	1 700	
贷：应交税费——应交增值税（销项税额）		1 700
借：营业税金及附加	122 270	
贷：应交税费——应交消费税		111 000
——应交城市维护建设税		7 889
——应交教育费附加		3 381

第 5 章

Chapter 5 关税会计

学习目标

本章重点阐述了关税的确认、计量、记录与申报等问题。通过本章的学习，应当掌握关税应纳税额的计算（进口货物和出口货物）、会计处理（自营进出口和代理进出口）与纳税申报；理解关税会计处理特点；了解关税的特点和意义。

学习指导

1. 学习重点：(1) 关税完税价格的计算；(2) 关税应纳税额的计算（进口和出口）及其会计处理。

2. 学习难点：进口货物完税价格的确认。

练习题

一、名词解释

1. 关税　　2. 进口货物完税价格　　3. 出口货物完税价格

二、单项选择题

1. 关税的纳税义务人不可能是（　　）。

A. 进口货物的收货人　　B. 进口货物的发货人

C. 进境物品的所有人　　D. 出口货物的发货人

2. 以下不计入进口货物关税完税价格的项目是（　　）。

A. 向自己的采购代理人支付的劳务费用

B. 向代表买卖双方利益的经纪人支付的劳务费用

C. 由买方负担的与该货物视为一体的容器费用

D. 由买方负担的包装材料和包装劳务费用

3. 某进出口公司从美国进口一批化工原料共 500 吨，货物以境外口岸离岸价格（FOB）成交，单价折合人民币为每吨 20 000 元（不包括另向卖方支付的佣金每吨 1 000 元人民币），已知该货物运抵中国海关境内输入地起卸前的包装、运输、保险和其他劳务费用为每吨 2 000 元人民币，关税税率为 10%，则该批化工原料应纳的关税为（　　）万元。

A. 100　　B. 105　　C. 110　　D. 115

4. 以下计入进口货物关税完税价格的项目是（　　）。

A. 货物运抵境内输入地点之后的运输费用

B. 进口关税

C. 国内保险费

D. 卖方间接从买方对该货物进口后使用所得中获得的收益

5. 以境外边境口岸价格条件成交的铁路或公路运输进口货物，海关应当按照货价的（　　）计算运输及相关费用、保险费。

A. 3%　　B. 0.3%　　C. 0.1%　　D. 1%

6. 出口货物的完税价格应该包括（　　）。

A. 离境口岸至境外口岸之间的运输、保险费

B. 支付给境外的佣金

C. 工厂至离境口岸之间的运输、保险费

D. 出口关税

7. 纳税义务人应当自海关填发税款缴纳书（　　），向指定银行缴纳税款。

A. 之日起 7 日内　　B. 之日起 15 日内

C. 次日起 7 日内　　D. 次日起 15 日内

8. 关税纳税义务人因不可抗力或者在国家税收政策调整的情形下，不能按期缴纳税款的，经海关总署批准，可以延期缴纳税款，但最多不得超过（　　）。

A. 3 个月　　B. 6 个月　　C. 9 个月　　D. 12 个月

9. 关税税额在人民币（　　）元以下的一票货物，可以免征关税。

A. 10　　B. 20　　C. 50　　D. 100

10. 陆运、空运和海运进口货物的保险费，应当按照实际支付的费用计算。如果进口货物的保险费无法确定或未实际发生，海关应当按照“货价加运费”两者总额的（　　）计算保险费。

A. 1‰　　B. 2‰　　C. 3‰　　D. 5‰

11. 纳税人应当自海关填发税款缴款书之日起 15 日内向指定银行缴纳税款。纳税人未按期缴纳税款的，从滞纳税款之日起，按日加收滞纳税款（　　）

的滞纳金。

A. 1‰　　B. 0.2‰　　C. 0.3‰　　D. 0.5‰

12. 某医院 2008 年以 150 万元（人民币，下同）的价格进口了一台医疗仪器；2012 年 1 月因仪器出现故障运往日本修理（出境时已向海关报明），2012 年 5 月，按海关规定的期限复运进境，此时，该仪器的国际市场价已为 200 万元。若经海关审定的修理费和料件费为 40 万元，进口关税税率为 6%，该仪器复运进境时，应缴纳的进口关税为（　　）万元。

A. 9　　B. 3　　C. 2.4　　D. 12

13. 某企业申报进口一批货物，货价折合 200 万元人民币，运抵输入地点起卸前的运费折合 10 万元人民币，则该批进口货物的完税价格为（　　）万元。

A. 200　　B. 210　　C. 210.63　　D. 213

14. 出口货物关税完税价格正确的计算公式为（　　）。

A. 完税价格＝离岸价格÷(1＋出口关税税率)

B. 完税价格＝离岸价格÷(1－出口关税税率)

C. 完税价格＝到岸价格÷(1＋出口关税税率)

D. 完税价格＝到岸价格÷(1－出口关税税率)

15. 2010 年 9 月 1 日，某公司由于承担国家重点工程项目，经批准免税进口了一套电子设备。使用 2 年后项目完工，2012 年 8 月 31 日公司将该设备出售给了国内另一家企业。该电子设备的到岸价格为 300 万元，关税税率为 10%，海关规定的监管年限为 5 年，按规定公司应补缴关税（　　）万元。

A. 12　　B. 15　　C. 18　　D. 30

三、多项选择题

1. 关税按征税标准分类，可以分为（　　）。

A. 从量税　　B. 从价税　　C. 复合税　　D. 滑准税

2. 关税的特点主要体现在（　　）。

A. 纳税上的统一性和一次性　　B. 税率上的复式性

C. 征管上的权威性　　D. 对民族经济的保护性

3. 关税是由海关对进出境的（　　）征收的一种税。

A. 货物　　B. 物品　　C. 无形资产　　D. 劳务

4. 进出境物品的纳税人可能是（　　）。

A. 携带进境物品的携带人　　B. 邮递进境物品的收件人

C. 邮递出境物品的收件人　　D. 邮递出境物品的托运人

5. 进口关税税率设有（　　）。

A. 普通税率　　B. 特惠税率

C. 协定税率　　D. 最惠国税率

6. 我国进口商品的具体计税方法有（　　）。

A. 从价税　　B. 从量税　　C. 复合税　　D. 滑准税

7. 我国特别关税包括（　　）。

A. 报复性关税　　B. 财政性关税

C. 反补贴关税　　D. 保障性关税

8. 进口货物以海关审定的成交价格为基础的到岸价格作为完税价格。到岸价格包括货价，加上货物运抵中国关境内输入地起卸前的（　　）等费用。

A. 包装　　B. 其他劳务

C. 保险　　D. 运输

9. 海关可以使用下列方法估定完税价格（　　）。

A. 相同货物成交价格方法　　B. 类似货物成交价格方法

C. 倒扣价格方法　　D. 计算价格方法

10. 运往境外修理的机器，海关以审定的正常（　　）估定完税价格。

A. 修理费　　B. 料件费

C. 复运进境的运输费　　D. 复运进境的保险费

11. 运往境外加工货物，按手续复运进境的，应当以海关审定的（　　）估定完税价格。

A. 加工费　　B. 料件费

C. 复运进境的运输费　　D. 复运进境的保险费

12. 以下规定正确的有（　　）。

A. 由于纳税人违反海关规定而少征或漏征的关税，海关在1年内可以追征

B. 由于纳税人违反海关规定而少征或漏征的关税，海关在3年内可以追征

C. 非因纳税人违反海关规定造成的少征或漏征关税，海关应在缴纳税款或货物、物品放行之日起1年内补征

D. 因纳税人违反海关规定造成的少征或漏征关税，海关应在缴纳税款或货物、物品放行之日起3年内补征

13. 企业自营进口商品应以CIF价格作为完税价格计缴关税，其会计处理为（　　）。

A. 借：物资采购等

　　贷：应交税费——应交进口关税

B. 借：应交税费——应交进口关税

　　贷：银行存款

C. 借：物资采购

　　贷：银行存款

D. 借：应付账款

贷：应交税费——应交进口关税

14. 下列费用中，如能与该货物实付或者应付价格区分，不得计入完税价格的有（ ）。

A. 进口关税及其他国内税收

B. 货物运抵境内输入地点之后的运输费用、保险费和其他相关费用

C. 与该货物有关并作为卖方向我国销售该货物的一项条件，应当由买方直接或间接支付的特许权使用费

D. 厂房、机械、设备等货物进口后的基建、安装、装配、维修和技术服务的费用

15. 下列各项中，属于《海关法》规定，可以自缴纳税款之日起一年内申请退税的有（ ）。

A. 进口后因不可抗力遭受损失或损坏的

B. 因海关误征，多纳税款的

C. 已征出口关税的货物，因故未装运出口，申报退关，经海关查验属实的

D. 海关核准免验进口的货物，在完税后，发现有短卸情况，经海关审查认可的

四、计算题

1. 天津某进出口公司从美国进口货物一批，货物以离岸价格成交，成交价折合人民币为1 520万元（包括单独计价并经海关审查属实的向境外采购代理人支付的买方佣金20万元，但不包括使用该货物而向境外支付的软件费50万元、向卖方支付的佣金10万元），另支付货物运抵我国上海港的运费、保险费等30万元。

要求：计算该公司的应纳关税额（假设该货物适用关税税率为7%）。

2. 某位于市区的外贸公司当年进口一批货物，到岸价10万美元，另支付包装费2万美元、港口到厂区公路运费2 000元人民币。海关规定汇率为1∶7，关税税率28%，消费税税率30%。如果该公司当期以200万元人民币（不含增值税）销售。

要求：计算其各环节应纳税额并说明其缴纳方法。

3. 迪拜斯公司将一台设备运往境外修理，出境时向海关报明价值100 000美元，当期汇率为1∶7。支付境外修理费6 000美元，料件费1 500美元；支付复运进境的运输费2 000美元和保险费500美元。当期汇率为1∶7。该设备适用关税税率7%。

要求：计算该公司应纳进口关税。

4. 某外贸公司3月1日进口一批应税消费品，该批货物的价格为350万元

人民币，支付途中运输费 40 万元、保险费 10 万元；关税税率 10%，消费税税率 30%，增值税税率 17%。3 月 1 日海关填发税款缴纳证，但该公司 3 月 30 日才一次缴清关税（增值税、消费税已在规定日期缴清）。

要求：请分别计算该公司应纳关税、消费税、增值税和关税滞纳金。

5. 某进出口公司当年从 A 国进口货物一批，成交价（离岸价）折合人民币 9 000 万元（包括单独计价并经海关审查属实的货物进口后装配调试费用 60 万元，向境外采购代理人支付的买方佣金 50 万元）。另支付运费 180 万元、保险费 90 万元。货物运抵我国口岸后，该公司在未经批准缓税的情况下，于海关填发税款缴纳证之日起第 20 天才缴纳税款。假设该货物适用的关税税率为 100%，增值税税率为 17%，消费税税率为 5%。

要求：请分别计算该公司应缴的关税、关税滞纳金、消费税、增值税。

6. 有进出口经营权的某外贸公司，10 月经有关部门批准从境外进口小轿车 30 辆，每辆小轿车货价 15 万元，运抵我国海关前发生的运输费用、保险费用无法确定，经海关查实，其他运输公司相同业务的运输费用占货价的比例为 2%。向海关缴纳了相关税款，并取得了完税凭证。

公司委托运输公司将小轿车从海关运回本单位，支付运输公司运输费用 9 万元，取得了运输公司开具的普通发票。当月售出 24 辆，每辆取得含税销售额 40.95 万元，公司自用 2 辆并作为本企业固定资产。

（提示：小轿车关税税率 60%、增值税税率 17%、消费税税率 8%。）

要求：

（1）计算小轿车在进口环节应缴纳的关税、消费税和增值税。

（2）计算国内销售环节 10 月份应缴纳的增值税。

五、业务题

1. **资料：**（1）某进出口公司由日本进口 A 商品一批，毛重 20 吨，每吨 FOB 神户 USD5 000，保险费率为 0.3%，国外运费按毛重每吨人民币 300 元计算，当日的外汇牌价为 USD1＝RMB8，A 商品的进口关税税率为 15%。

（2）某进出口公司自营出口锡矿砂一批，货价为 CIF 日本大阪 USD860 000，海外运费、保险费为 50 000 元。当日的外汇牌价为 USD1＝RMB8，锡矿砂的出口税税率为 20%。

要求：根据上述资料计算各批进出口货物的完税价格和应缴关税税额。

2. **资料：**某外贸公司代某工厂从美国进口 A 材料 15 吨，每吨 FOB 纽约 USD20 000，运费 USD3 000，保险费率 0.3%，关税税率 12%，当日的外汇牌价为 USD1＝RMB8，外贸公司收取手续费 80 000 元。材料尚在运输途中。

要求：根据上述资料，分别作出外贸公司向委托单位收取关税和手续费以及委托单位承付关税及手续费的会计分录。

3. **资料**：某外贸公司进口3台电视台使用的录像机（税则号列85211019），每台完税价格USD2 100，执行最惠国税率。当日的外汇牌价为USD1＝RMB8。

该公司同期出口鳗鱼苗，FOB价格USD1 1 000，出口关税税率10%。当日的外汇牌价为USD1＝RMB8。

要求：计算进口录像机应纳关税和进口增值税，出口鳗鱼苗应纳关税，并作相应的账务处理。

六、案例题

案例1

某外贸公司（有进出口经营权），当年1月发生以下进出口经营业务：

（1）把一批材料运往境外加工，材料120万元，海关核定境外加工费10万元，境外材料费12万元，运抵境内口岸前的运输费2万元，保险费0.8万元。规定的关税税率为25%。

（2）出口一批货物，离岸价108万元，运至出境口岸的运费20万元，保险费3万元，外方支付包装材料费5万元。出关后，发现25件存在严重质量缺陷，出口方同意补换，并另行发货。离岸价8万元，运至出境口岸运费0.6万元，保险费0.2万元，但25件未退还。规定的关税税率为15%。

（3）进口设备一套，境外成交价300万美元（当日汇率：1美元＝8.5元人民币），支付境外经纪人费用22万美元，运至入境口岸运费35万美元，保险费无法确定。支付包装材料费0.8万美元，该设备进口在开具关税税款缴纳凭证之日起25日内缴纳税款。规定的关税税率为20%。

该公司计算应缴纳的关税以及滞纳金如下：

（1）该货物进口关税＝(10＋2＋0.8)×25%＝3.2（万元）

（2）该货物出口关税＝(108＋20＋3＋5)×15%＝20.4（万元）

（3）关税完税价格＝(300＋35＋0.8)×8.5×(1＋3‰)＝2 855.16（万元）

关税＝2 855.16×20%＝571.03（万元）

分析要求：该外贸公司计算的关税是否正确？如不正确请说明理由并进行正确的税务处理。

案例2

某外商投资企业从国外某一固定供应商处进口某规格元件一批，用于产品的生产，双方议定发票价格均为FOB价。进口货物由报关行代理报关并垫付进口的各项税费，报关行与公司的结算起点为10万元。

1月20日到货，订单号为0079，发票价格为6 778.9美元，货物验收入库。其中：A元件100个，价值3 002美元；B元件100个，价值3 776.9美元。美元汇率为1∶8.1。

1月23日，工人从仓库中领出A元件50个。

1月28日，收到报关行送达的报关单据，共垫付进口税费人民币100 900元，其中0079号订单发生以下进口费用：进口关税4 109.49元（关税完税价58 707元，关税税率7%），海关进口代征增值税10 678.72元，空运费2 489元，仓储费362.32元，三检费13元，录入费30元，代理报关费200元，代理服务费200元，单证费10元，共计18 092.53元。开出支票付报关行款项。

根据以上经济事项，该公司账务处理如下：

(1) 1月20日，货物验收入库，根据入库单做会计分录：

借：原材料——A（单价243.162）　　24 316.2

　　　　　——B（单价305.928 9）　　30 592.89

　贷：应付账款——××公司　　54 909.09

(2) 1月23日，A元件领出50个，根据出库单做会计分录。

借：生产成本（50×243.162）　　12 158.1

　贷：原材料　　12 158.1

(3) 1月28日，向报关行付款时。

借：原材料——进口税费　　7 413.81

　　应交税费——应交增值税（进项税额）　　10 678.72

　贷：银行存款　　18 092.53

分析要求：按会计准则、制度的有关规定，进口货物的关税及仓储费、运输费等进口费用，应计入进口原材料的价值，但在实际工作中却存在以下问题：在进口量较大的情况下，每月公司收到货物的时间往往和报关行结算的时间不一致，如本例，元件已经出库，而相关进口税费尚未入账甚至跨期入账。该公司采取的办法是，在“原材料”账户下设“进口费用”二级明细账，每月末，按进口原材料的出库金额转出其应分摊的进口税费。你认为这是否为最佳处理方法？你还有什么更好的会计处理方法？

参考答案

一、名词解释

1. 关税，是海关代表国家，按照国家制定的关税政策和公布实施的税法及进出口税则，对进出关境的货物和物品所征收的一种流转税。

2. 进口货物完税价格，是由海关以符合《关税条例》所列条件的成交价格以及该货物运抵中华人民共和国境内输入地点起卸前的运输及其相关费用、保险费为基础审查确定。

3. 出口货物完税价格，是由海关以该货物的成交价格以及该货物运至中华人民共和国境内输出地点装载前的运输及其相关费用、保险费为基础审查确定。

二、单项选择题

1. B	2. A	3. D	4. D	5. D
6. C	7. B	8. B	9. C	10. C
11. D	12. C	13. C	14. A	15. C

三、多项选择题

1. ABCD	2. ABC	3. AB	4. ABD	5. ABCD
6. ABCD	7. ACD	8. ABCD	9. ABCD	10. AB
11. ABCD	12. BC	13. ABC	14. ABD	15. BCD

四、计算题

1. 关税完税价格＝离岸价＋软件费＋卖方佣金－买方佣金＋运保费

＝1 520＋50＋10－20＋30

＝1 590（万元）

进口环节关税＝1 590×7%＝111.3（万元）

2. （1）进口环节：

应纳关税＝(100 000＋20 000)×7×28%＝840 000×28%

＝235 200(元)

进口环节关税由海关负责征收，纳税人应自海关填开税款缴款书之日起15日内缴纳税款。

应纳消费税＝(840 000＋235 200)÷(1－30%)×30%

＝460 800(元)

应纳增值税＝(840 000＋235 200＋460 800)×17%

＝261 120(元)

进口环节消费税、增值税由海关代征，于填开代征税款缴款书之日起15日内缴纳税款。进口环节不附征城建税。

（2）内销环节：内销环节应缴纳增值税并附征城建税，但不涉及消费税。

增值税销项税＝2 000 000×17%＝340 000(元)

应纳增值税＝340 000－140＝339 860(元)

内销环节增值税由企业主管国税机关负责征收，一般企业于次月10日前申报纳税。

城市维护建设税＝339 860×7%＝23 790.2(元)

内销环节城市维护建设税由企业主管地税机关负责征收，一般企业于次月10日前申报纳税。

3. 按照关税条例规定，通过报明海关运往境外修理的设备复运进境，以海关审定的境外修理费和料件费估定完税价格。

完税价格=(6 000+1 500)×7=52 500(元)

应纳关税=52 500×7%=3 675(元)

4. (1) 关税=(350+40+10)×10%=40 (万元)

(2) 消费税=(400+40)÷(1-30%)×30%=188.57 (万元)

(3) 增值税=440÷(1-30%)×17%=106.86 (万元)

(4) 滞纳金=40×0.5‰×15=0.3 (万元)

5. (1) 应缴纳的关税。

1) 关税完税价格=离岸价-装配调试费用-买方佣金+运费+保险费

=9 000-60-50+180+90=9 160 (万元)

2) 关税=关税完税价格×关税税率=9 160×100%=9 160 (万元)

(2) 应缴纳的关税滞纳金=应缴关税税款×0.5‰×滞纳天数

=9 160×0.5‰×(20-15)

=22.9 (万元)

(3) 应缴纳的消费税。

1) 组成计税价格=(关税完税价格+关税)÷(1-消费税税率)

=(9 160+9 160)÷(1-5%)

=19 284.21(万元)

2) 消费税=组成计税价格×消费税税率

=19 284.21×5%=964.21 (万元)

(4) 应缴纳的增值税。

1) 组成计税价格=关税完税价格+关税+消费税

=9 160+9 160+964.21

=19 284.21 (万元)

2) 增值税=组成计税价格×增值税税率

=19 284.21×17%

=3 278.32 (万元)

6. (1) 小轿车在进口环节应缴纳的关税、消费税、增值税。

1) 进口小轿车的货价=15×30=450 (万元)

2) 进口小轿车的运输费=450×2%=9 (万元)

3) 进口小轿车的保险费=(450+9)×3‰=1.38 (万元)

4) 进口小轿车应缴纳的关税。

关税的完税价格=450+9+1.38=460.38(万元)

进口关税=460.38×60%=276.23(万元)

5）进口环节小轿车应缴纳的消费税。

消费税组成计税价格＝(460.38＋276.23)÷(1－8％)＝800.66(万元)

应纳消费税额＝800.66×8％＝64.05(万元)

6）进口环节小轿车应缴纳增值税。

应纳增值税额＝800.66×17％＝136.11(万元)

(2) 国内销售环节应缴纳的增值税。

1）销项税额＝40.95÷(1＋17％)×17％×24＝142.8（万元）

2）进项税额＝(9×7％＋136.11)÷30×28＝127.62（万元）

3）应纳税额＝142.8－127.62＝15.18（万元）

五、业务题

1. (1) 关税完税价格＝(5 000×20×8＋20×300)÷(1－0.3％)

＝808 425.28(元)

关税＝808 425.28×15％＝121 263.79(元)

(2) 关税完税价格＝(860 000×8－50 000)÷(1＋20％)＝5 691 666.7(元)

关税＝5 691 666.7×20％＝1 138 333.33(元)

2. 完税价格＝(20 000×15＋3 000)×8÷(1－0.3％)＝2 431 293.88(元)

关税＝2 431 293.88×12％＝291 755.27(元)

(1) 外贸单位向委托单位收取关税和手续费时。

借：银行存款　371 755.27

　贷：代购代销收入——手续费　80 000

　　应交税费——进口关税　291 755.27

(2) 委托单位承付关税及手续费时。

借：材料采购　371 755.27

　贷：银行存款　371 755.27

3. (1)录像机应纳关税＝3×5 480＋2 100×3×8×3％＝17 952(元)

进口增值税＝(2 100×3×8＋17 952)×17％＝11 619.84(元)

出口鳗鱼苗应纳关税＝(11 000×8)÷(1＋10％)×10％＝8 000(元)

(2) 会计分录如下。

进口录像机。

借：物资采购（2 100×3×8＋17 952）　68 352

　　应交税费——应交增值税（进项税额）　11 619.84

　贷：银行存款——美元户（2 100×3×8）　50 400

　　　　——人民币户（17 952＋11 619.84）　29 571.84

出口鳗鱼苗。

借：营业税金及附加 8 000

贷：银行存款 8 000

六、案例题

案例 1

分析：该外贸公司计算的关税不正确，其原因是：

(1) 运往境外加工的货物，完税价为海关审查的境外加工费和境外料件费，以及相关费用。

该货物进口关税＝(10＋12＋2＋0.8)×25％＝6.20(万元)

(2) 出口货物的完税价由海关以该货物的成交价为基础审查确定，应包括境内输出地点前的相关费用，但不含关税。

该货物出口关税＝[108÷(1＋15％)＋20＋3＋5]×15％＝18.29(万元)

因质量问题补换商品，原残损质量问题货物未退关入境，故替换商品照征出口关税。

替换商品应纳关税＝[8÷(1＋15％)＋0.6＋0.2]×15％＝1.16(万元)

(注：只有离岸价格中包含出口关税，运保费等是不包含出口关税的。)

(3) 保险费无法确定时，按“(货价＋运费)×3‰”来计算保险费。

关税完税价格＝(300＋22＋35＋0.8)×8.5×(1＋3‰)

＝3 050.42(万元)

关税＝3 050.42×20％＝610.08(万元)

关税滞纳金＝610.08×0.5‰×(25－15)＝3.05(万元)

案例 2

案例分析：按会计准则、制度的有关规定，进口货物的关税及仓储费、运输费等进口费用，应同时计入进口原材料的价值，不必单独设置“进口费用”明细科目。

第6章 出口货物免退税会计

Chapter 6

学习目标

本章重点阐述了出口退税的确认、计量、记录与申报等问题。通过本章的学习，应当掌握出口货物免退税（增值税和消费税）的计算、会计处理；理解增值税与消费税出口退免税的不同；了解出口货物退免税的实质。

学习指导

1. 学习重点：（1）出口货物退免税的方法；（2）出口货物退免税的计算（生产企业和外贸企业）及其会计处理。

2. 学习难点：生产企业出口货物免抵退增值税的计算及会计处理。

练习题

一、名词解释

1. 出口货物退免税　　　　2. 免、抵、退税

二、单项选择题

1. 独立核算，经主管税务机关认定为增值税一般纳税人，且具实际生产能力的企业或企业集团，适用的出口货物免退税方法为（　　）。

A. 免、退税　　　　B. 免、抵、退税

C. 先征后退税　　　　D. 免税

2. 出口企业应在货物报关出口之日起（　　）天内，到退税部门办理出口货物退（免）税手续。

A. 30　　B. 45　　C. 60　　D. 90

3. 某生产企业(增值税一般纳税人)自营出口自产货物，2010 年 8 月计算应纳税额为－9 万元，当期计算免抵退税为 20 万元，则当期免抵税额为(　　)万元。

A. 0　　B. 10　　C. 20　　D. 11

4. 企业在核算出口货物免税收入的同时，对免税收入按征退税率之差计算的“不得抵扣税额”，应记入(　　)账户的贷方。借记“主营业务成本”，贷记本明细账户。

A.“主营业务成本”

B.“应交税费——应交增值税(进项税额转出)”

C.“营业税金及附加”

D.“应交税费——应交增值税(转出多交增值税)”

5. 外贸企业自营出口或代理出口应税消费品，采取(　　)的办法。

A. 先征后退　　B. 退税　　C. 先抵后退　　D. 免税

三、多项选择题

1. 出口货物免退增值税的方法包括(　　)。

A. 免、退税　　B. 免、抵、退税

C. 先征后退税　　D. 免税

2. 外贸企业将出口货物单独设立库存账和销售账记载的，其计算应退税额的公式为(　　)。

A. 应退税额＝出口货物的进项税额－出口货物不予退税的税额

B. 应退税额＝出口货物的进项税额－出口货物予以退税的税额

C. 应退税额＝出口货物的销售金额×退税率

D. 应退税额＝出口货物的购进金额×退税率

3. 出口货物免、退税，应当具备以下条件(　　)。

A. 出口的货物是增值税或消费税的应税商品

B. 货物必须报关并已离境

C. 已作货物出口销售的会计处理

D. 申报退税的货物必须是出口或代理出口的货物，并附送有关凭证

4. 出口货物免退消费税的方法有(　　)。

A. 免、抵、退税　　B. 免税

C. 免、退税　　D. 先征后退

5. 外贸企业出口和代理出口应税消费品应退消费税的计算公式为(　　)。

A. 应退消费税税额＝出口货物的工厂销售额×消费税税率

B. 应退消费税税额＝出口数量×单位税额

C. 应退消费税税额＝组成计税价格×消费税税率

D. 应退消费税税额＝出口数量×单位税额＋出口货物的工厂销售额×消费税税率

四、计算题

1. 某自营出口生产企业为增值税一般纳税人，出口货物的征税税率为17%，退税税率为13%。当年4月的有关经营业务为：购进原材料一批，取得的增值税专用发票注明的价款为300万元，外购货物准予抵扣的进项税额51万元通过认证；上月末留抵税款5万元；本月内销货物不含税销售额150万元；收款175.5万元存入银行；本月出口货物的销售额折合人民币250万元。

要求：根据上述资料计算该企业当期的免、抵、退税额。

2. 某自营出口生产企业是增值税一般纳税人，出口货物的征税税率为17%，退税税率为13%。当年8月有关经营业务为：购原材料一批，取得的增值税专用发票注明的价款为200万元，外购货物准予抵扣进项税额34万元通过认证；当月进料加工免税进口料件的组成计税价格为100万元；上期末留抵税额6万元；本月内销货物不含税销售额100万元；收款117万元存入银行；本月出口货物销售额折合人民币200万元。

要求：根据上述资料，计算该企业当期的免、抵、退税额。

五、业务题

1. **资料：**某外贸公司3月份从生产企业购进供出口的商品一批，取得增值税专用发票注明：价款20万元，税额3.4万元；当月出口商品FOB价为2万美元，当日外汇牌价为USD1＝RMB7，出口商品退税率为15%。

要求：根据上述资料，进行商品购进、入库、出口及应退增值税的账务处理。

2. **资料：**某生产企业5月份内销货物销售额200万元，销项税额34万元，当月进项税额16万元；出口货物销售额折合人民币1 100万元，进口料件组成计税价格500万元。增值税税率17%，退税率15%。

要求：根据上述资料，计算该企业当月退税额，并做相应的账务处理。

六、案例题

某出口型生产企业采用进料加工方式为国外A公司加工化工产品一批，5月进口保税料件价值1 000万元，加工完成后返销A公司，售价折合人民币1 500万元，为加工该批产品耗用辅料、备件、动力费等支付价款2 941 176.47元，支付进项税额50万元，该化工产品征税率17%、退税率15%。假设本月内销货物销售额为零，本期未发生其他进项税额。该企业会计处理如下：

(1) 免税进口料件时。

借：原材料 10 000 000

贷：银行存款　　10 000 000

（2）外购原辅材料、备件及支付动力费等时。

借：原材料等　　2 941 176.47

应交税费——应交增值税（进项税额）　　500 000

贷：银行存款　　3 441 176.47

（3）产品外销时。

借：应收外汇账款　　15 000 000

贷：主营业务收入　　15 000 000

（4）月末，计算当月出口货物不予抵扣和退税的税额时。

$$\text{免抵退税不得免征和抵扣税额}=\text{当期出口货物离岸价}\times\text{外汇人民币牌价}\times(\text{出口货物征税率}-\text{出口货物退税率})-\text{免抵退税不得免征和抵扣税额抵减额}$$

$$=\text{当期出口货物离岸价}\times\text{外汇人民币牌价}\times(\text{出口货物征税率}-\text{出口货物退税率})-\text{免税购进原材料价格}\times(\text{出口货物征税率}-\text{出口货物退税率})$$

$$=15\,000\,000\times(17\%-15\%)-10\,000\,000\times(17\%-15\%)$$

$$=100\,000(\text{元})$$

借：主营业务成本　　100 000

贷：应交税费——应交增值税（进项税额转出）　　100 000

（5）计算应退税额和应免抵税额时。

$$\text{免抵退税额抵减额}=\text{免税购进原材料价格}\times\text{出口货物退税率}=10\,000\,000\times15\%=1\,500\,000(\text{元})$$

$$\text{免抵退税额}=\text{出口货物离岸价}\times\text{外汇人民币牌价}\times\text{出口货物退税率}-\text{免抵退税额抵减额}=15\,000\,000\times15\%-1\,500\,000=750\,000(\text{元})$$

1）若上年结转本年留抵进项税额5万元，则

$$\text{1月份的留抵税额}=\text{进项税额}+\text{上期留抵税额}-\text{内销销项税额}-\text{进项税额转出}=500\,000+50\,000-0-100\,000=450\,000(\text{元})$$

当期期末留抵税额（450 000）≤当期免抵退税额（750 000），则

$$\text{当期应退税额}=\text{当期期末留抵税额}=450\,000(\text{元})$$

当期免抵税额＝当期免抵退税额－当期应退税额
＝750 000－450 000＝300 000(元)

借：应收出口退税　450 000
　应交税费——应交增值税（出口抵减内销产品应纳税额）　300 000
　贷：应交税费——应交增值税（出口退税）　750 000

2）假设上例中上年留抵税额为40万元，则

1月份的留抵税额＝进项税额＋上期留抵税额－内销销项税额－进项税额转出
＝500 000＋400 000－0－100 000＝800 000(元)

当期期末留抵税额（800 000）＞当期免抵退税额（750 000），则

当期应退税额＝当期免抵退税额＝750 000(元)

当期免抵税额＝0

借：应收出口退税　750 000
　贷：应交税费——应交增值税（出口退税）　750 000

结转下期留抵税额＝800 000－750 000＝50 000(元)

借：应交税费——未交增值税　50 000
　贷：应交税费——应交增值税（转出多交增值税）　50 000

分析要求：

（1）若已知货物的CIF价格及关税税率、消费税税率，应如何计算进料加工免税进口料件的组成计税价格？

（2）若本月既有内销又有外销，应退税额如何计算？

参考答案

一、名词解释

1. 出口货物退免税，是对报关出口的货物免征和（或）退还其在国内各生产环节和流通环节按税法规定缴纳的增值税和消费税，即对出口货物实行零税率。

2. 免、抵、退税，是指对生产企业的出口货物在生产销售环节实行免税，其进项税额先抵顶内销货物的销项税额，不足抵扣部分给予退税。

二、单项选择题

1. B　2. D　3. D　4. B　5. A

三、多项选择题

1. ABCD　2. AD　3. ABCD　4. BC　5. ABD

四、计算题

1. (1) 当期免抵退税不得免征和抵扣税额=250×(17%-13%)
=10(万元)

(2) 当期应纳税额=150×17%-(51-10)-5=-20.5(万元)

(3) 出口货物免、抵、退税额=250×13%=32.5(万元)

(4) 按规定，当期期末留抵税额≤当期免抵退税额时，则

当期应退税额=期末留抵税额

该企业当期应退税额=20.5(万元)

(5) 当期免抵税额=当期免抵退税额-当期应退税额

当期免抵税额=32.5-20.5=12 (万元)

2. (1) 免抵退税不得免征和抵扣税额抵减额=免税进口料件的组成计税价格×(出口货物征税税率-出口货物退税税率)
=100×(17%-13%)=4(万元)

(2) 免抵退税不得免征和抵扣税额=当期出口货物离岸价×外汇人民币牌价×(出口货物征税税率-出口货物退税税率)-免抵退税不得免征和抵扣税额抵减额
=200×(17%-13%)-4
=8-4=4(万元)

(3) 当期应纳税额=100×17%-(34-4)-6=17-30-6=-19(万元)

(4) 免抵退税额抵减额=免税购进原材料×材料出口货物退税率
=100×13%=13(万元)

(5) 出口货物免抵退税额=200×13%-13=13(万元)

(6) 按规定，当期期末留抵税额>当期免抵退税额时，则

当期应退税额=当期免抵退税额

该企业应退税额=13(万元)

(7) 当期免抵税额=当期免抵退税额-当期应退税额

当期该企业免抵税额=13-13=0 (万元)

(8) 8月期末留抵结转下期继续抵扣税额为6万元 (19-13)。

五、业务题

1. (1) 购进出口商品时。

借：物资采购	200 000	
应交税费——应交增值税 (进项税额)	34 000	
贷：银行存款		234 000

（2）商品入库时。

借：库存商品　　200 000

　贷：物资采购　　200 000

（3）出口商品时。

借：银行存款（20 000×7）　　140 000

　贷：主营业务收入　　140 000

不予退税额＝34 000－160 000×15％＝10 000(元)

借：主营业务成本　　10 000

　贷：应交税费——应交增值税（进项税额转出）　　10 000

应退税额＝160 000×15％＝24 000(元)

借：应收出口退税　　24 000

　贷：应交税费——应交增值税（出口退税）　　24 000

（4）实际收到退税款时。

借：银行存款　　24 000

　贷：应收出口退税　　24 000

2. 出口货物免抵退税额＝1 100×15％＝165(万元)

进口料件免抵退税抵减额＝500×15％＝75(万元)

出口免抵退不得免征和抵减税额＝1 100×(17％－15％)＝22(万元)

进口料件免抵退税不得免征和抵扣税额抵减额＝500×(17％－15％)＝10(万元)

应纳税额＝34－[16－(22－10)]＝30(万元)

免抵退税额＝165－75＝90(万元)

当期免抵税额＝当期免抵退税额(因为应纳税额为正数)

会计分录如下：

（1）货物出口时。

借：应收账款（或银行存款）——某国　　11 000 000

　贷：主营业务收入　　11 000 000

借：主营业务成本　　220 000

　贷：应交税费——应交增值税（进项税额转出）　　220 000

（2）进口料件时。

借：主营业务成本　　100 000

　贷：应交税费——应交增值税（进项税额转出）　　100 000

（3）内销时。

借：应收账款（银行存款）　　2 340 000

贷：主营业务收入　　2 000 000

　　应交税费——应交增值税（销项税额）　　340 000

（4）计算应纳增值税。

借：应交税费——应交增值税（转出未交增值税）　　300 000

　贷：应交税费——应交增值税（未交增值税）　　300 000

（5）申请出口免、抵、退税。

借：应交税费——应交增值税（出口抵减内销产品应纳税额）　　900 000

　贷：应交税费——应交增值税（出口退税）　　900 000

六、案例题

分析：

（1）若已知货物的 CIF 价格及关税税率、消费税税率，则

$$\text{进料加工免税进口料件的组成计税价格}=\text{货物的 CIF 价格}+\text{海关实征关税和消费税}$$

（2）若本月既有内销又有外销，应退税额计算步骤如下：

第一步，计算免抵退税不得免征和抵扣税额的抵减额。

$$\text{免抵退税不得免征和抵扣税额抵减额}=\text{免税购进原材料价格}\times\left(\text{出口货物征税率}-\text{出口货物退税率}\right)$$

第二步，计算不得免征和抵扣税额。

$$\text{免抵退税不得免征和抵扣的税额}=\text{出口货物离岸价格}\times\text{外汇人民币牌价}\times\left(\text{出口货物征税率}-\text{出口退税率}\right)$$

第三步，计算当期应纳增值税额。

$$\text{当期应纳税额}=\text{内销销项税额}-\left(\text{进项税额}-\text{免抵退税不得免抵税额}\right)-\text{上期留抵税额}$$

第四步，计算免抵退税额抵减额。

免抵退税额抵减额＝免税购进原材料价格×出口货物退税率

第五步，计算免抵退税额。

免抵退税额＝出口货物离岸价×外汇人民币牌价×出口货物的退税率

第六步，比较确定应退税额（第二步与第三步相比，哪个小按哪个退）。

第七步，确定免抵税额。

第 7 章 Chapter 7 营业税会计

学习目标

本章重点阐述了营业税会计的确认、计量、记录与申报等问题。通过本章的学习，应当掌握营业税应纳税额的计算（七个行业、两个行为）、会计处理与纳税申报；理解营业税与增值税会计处理的不同；了解营业税的特点。

学习指导

1. 学习重点：(1) 营业税的征税范围；(2) 营业税应纳税额的计算（不同的行业）及其会计处理。

2. 学习难点：不同行业营业税税额的计算及其会计处理。

练习题

一、名词解释

1. 营业税　　2. 营业税的纳税人

二、单项选择题

1. 下述业务不属于营业税征税范围的是（　　）。

A. 金融机构买卖基金的差价收入　　B. 非金融机构买卖基金的差价收入

C. 转让企业不动产行为　　D. 转让企业无形资产行为

2. 纳税人提供应税劳务、转让无形资产或销售不动产价格明显偏低而无正当理由的，主管税务机关核定组成计税价格的计算公式为（　　）。

A. 营业成本或工程成本×(1＋成本利润率)÷(1－营业税税率)

B. 营业成本或工程成本×(1+成本利润率)÷(1+营业税税率)

C. 营业成本或工程成本÷(1-营业税税率)

D. 营业成本或工程成本÷(1+营业税税率)

3. 纳税人转让土地使用权或销售不动产，采取预收款方式的，其纳税义务发生的时间为（　　）。

A. 所有权转移的当天

B. 收到预收款的当天

C. 收到全部价款的当天

D. 所有权转移并收到全部款项的当天

4. 营业税相关法规规定：兼营不同税目应税行为，须分别核算不同税目的营业额、转让额、销售额；未分别核算的，（　　）。

A. 从高适用税率　　B. 从低适用税率

C. 适用平均税率　　D. 适用增值税税率

5. 下列陈述，符合营业税法规定的是（　　）。

A. 兼营不同税目的应税行为，未分别核算的，一律从高适用增值税税率

B. 混合销售行为的确定由国家税务总局所属的征收机关来执行

C. 营业税的纳税人，兼营应税劳务与货物销售的行为，未分别核算的，一律征收营业税

D. 营业税纳税人兼营免税减税项目的，未单独核算的，可以按销售额比例来计算减免税

6. 某金融企业从事债券买卖业务，当年8月购入A债券，购入价为50万元；购入B债券，购入价为80万元，共支付相关费用和税金1.3万元。当月又将债券卖出，A债券售出价55万元，B债券售出价78万元，共支付相关费用和税金1.33万元。该金融企业当月应纳营业税为（　　）元。

A. 1 185　　B. 1 500　　C. 2 500　　D. 64 000

7. 某旅行社本月组团境内旅游收入15万元，替旅游者支付给其他单位的住宿、交通、门票、餐费共计8万元；组织境外旅游收入20万元，付给境外接团企业费用12万元，另收代办签证费2.4万元，其中2万元为签证费。该旅行社本月应纳营业税为（　　）万元。

A. 0.75　　B. 0.77　　C. 0.87　　D. 1.87

8. 乙施工队为甲企业下属的独立核算单位，乙将建设完成的一栋楼房交由甲企业使用，则对乙施工队应（　　）。

A. 免征营业税

B. 按建筑业税目征收营业税

C. 按建筑业税目和销售不动产税目分别征收营业税

D. 按销售不动产税目征收营业税

9. 某企业将4年前自建的一幢办公楼转让，原值400万元，已提折旧200万元，转让价款500万元。此行为属于转让不动产，营业税的正确处理是（ ）。

A. 不缴营业税　　B. 应纳营业税5万元

C. 应纳营业税15万元　　D. 应纳营业税25万元

10. 境外的单位或者个人在境内提供应税劳务，在境内未设有经营机构的，以（ ）为扣缴义务人。

A. 境内代理人　　B. 境外代理人

C. 代理人　　D. 劳务提供人

11. 某饭店共设两层餐厅和10个包间，某月该饭店取得收入如下：餐厅的餐费150万元，另收服务费0.2万元；附设独立核算小卖部取得收入共计2万元；出租柜台销售工艺品，销售收入1万元，月租金0.1万元。该饭店当月应纳营业税（ ）万元。

A. 7.505　　B. 7.515　　C. 7.605　　D. 7.615

12. 企业以现金投资入股，不参与被投资企业的经营风险，只收取固定利润，应视为贷款，按（ ）税目征税。

A. 转让无形资产　　B. 服务业

C. 销售不动产　　D. 金融保险业

13. 企业以承包、承租方式将资产（货币资金、产品除外）提供给内部职工或其他人经营，收取固定费用或利润等，若承包、承租者向工商管理部门领取了营业执照，则该行为属出租不动产和其他资产，应按（ ）税目缴纳营业税。

A. 建筑业　　B. 金融保险业

C. 服务业　　D. 转让无形资产

14. 商业企业向供货方收取的与商品销售量、销售额无必然联系，且商业企业向供货方提供一定劳务的收入，如进场费、广告促销费、上架费、展示费、管理费等，应征（ ）。

A. 增值税　　B. 消费税

C. 营业税　　D. 企业所得税

15. 下列说法正确的是（ ）。

A. 修理汽车应缴纳营业税　　B. 修缮房屋应缴纳营业税

C. 修改服装应缴纳营业税　　D. 修理机器应缴纳营业税

16. 金融企业接受其他企业委托发放贷款，收到委托贷款利息时，计算代扣营业税，其正确的会计处理为（ ）。

A. 借：应付账款——应付委托贷款利息

贷：应交税费——应交营业税

B. 借：应收账款——应付委托贷款利息

贷：应交税费——应交营业税

C. 借：应收利息

贷：应交税费——应交营业税

D. 借：应付利息

贷：应交税费——应交营业税

17. 单位和个人提供营业税应税劳务、转让无形资产和销售不动产发生退款，凡该项退款已征收过营业税的，可以（　　）。

A. 向税务机关申请减免营业税

B. 向税务机关申请降低营业税税率

C. 从纳税人以后的营业额中减除，但不允许退还已征税款

D. 允许退还已征税款，也可以从纳税人以后的营业额中减除

18. 下列各项金融保险业务的营业税计税依据，表述正确的是（　　）。

A. 一般贷款业务的计税依据为利差收入

B. 股票的计税依据为卖出股票的全部收入

C. 金融中间业务的计税依据为佣金的全部收入

D. 融资租赁的计税依据为向承租者收取的全部价款

19. 单位将不动产无偿赠与他人，视同销售不动产征收营业税，其纳税义务发生时间为（　　）。

A. 将不动产交付对方使用的当天

B. 不动产所有权转移的当天

C. 签订不动产赠与文书的当天

D. 承受不动产人缴纳契税的当天

20. 按《营业税暂行条例实施细则》的规定，企业下列行为属于兼营应税劳务与货物或非应税劳务的是（　　）。

A. 运输企业销售货物并负责运输所售货物

B. 饭店开设客房、餐厅从事服务业务并附设商场销售货物

C. 商场零售商品并附设快餐城提供就餐服务

D. 建筑公司为承建的某项工程既提供建筑材料又承担建筑、安装业务

21. 某人出租房屋收取月租金 2 000 元，承租方用来开设小卖部，出租方每月应缴纳的营业税是（　　）元。

A. 100　　B. 80　　C. 60　　D. 40

22. 某宾馆当年 9 月取得下列收入：住宿、餐饮营业收入 20 万元（包括销

售 4 吨自制啤酒取得的收入 3 万元)，游艺厅营业收入 14 万元，台球室营业收入 8 万元。该宾馆当月应纳营业税（　　）万元。(假定当地台球娱乐业税率 5%，其他娱乐业采用 20%的税率。)

A. 2.1　　B. 4.2　　C. 5.3　　D. 5.4

23. 某建筑公司当年 1 月承包甲单位的一项建筑工程，根据合同规定，采用包工不包料的方式进行工程价款结算。9 月份工程完工并验收合格，该建筑公司取得工程价款 2 200 万元，同时，甲企业给予建筑公司提前竣工奖 3 万元，该工程耗费甲单位提供的外购建筑材料 2 875 万元、设备 500 万元。就该项工程建筑公司应纳营业税（　　）万元。

A. 66　　B. 152.34　　C. 66.09　　D. 152.25

24. 某建筑公司 2 月发生如下业务：自建同一规格和标准的楼房两栋，建筑安装总成本 3 000 万元，成本利润率 20%，该公司将其中一栋自用，另一栋对外销售，取得销售收入 2 400 万元，当月应纳营业税（　　）万元。

A. 120　　B. 174　　C. 175.67　　D. 192

25. 当年第三季度某商业银行向企业发放贷款取得利息收入 400 万元，逾期贷款罚息收入 5 万元；将第一季度购进的有价证券转让，卖出价 860 万元，该证券买入价 780 万元；代收电话费取得手续费等收入 14 万元。第三季度该商业银行应缴纳营业税（　　）万元。

A. 24.85　　B. 24.95　　C. 63.7　　D. 63.95

三、多项选择题

1. 下列选项属于营业税的课税对象的有（　　）。

A. 转让无形资产　　B. 销售不动产

C. 转让企业产权的行为　　D. 保险企业取得的追偿款

2. 对于建筑业的营业税，下列陈述观点正确的有（　　）。

A. 建筑业的营业税征税范围包括：建筑、安装、修缮、装饰、其他工程作业

B. 将自建建筑物出租，要缴纳建筑业营业税

C. 对自建自售建筑物，除了按销售不动产征收营业税外，还应征收一道建筑业营业税

D. 自建，其纳税义务发生时间为其销售自建建筑物并收讫营业额或者取得索取营业额凭据的当天

3. 根据营业税的相关法规规定，营业税的计税价格可以采用的方式有（　　）。

A. 营业收入全额计税　　B. 营业收入差额计税

C. 按组成计税价格计税　　D. 按市场评估价格计税

4. 关于营业税的扣缴义务人，下列陈述正确的有（　　）。

A. 委托金融机构发放贷款，以受托金融机构为扣缴义务人

B. 建筑业实行分包或转包，税款以总包人为扣缴义务人

C. 境外单位在境内发生应税行为，未设机构的，有代理人时，以代理人为扣缴义务人

D. 个人转让专利权，受让者为单位的，以该单位为扣缴义务人，受让者为个人的，由转让者自己缴纳

5. 下列可以差额计征营业税的有（　　）。

A. 外汇、有价证券、期货买卖业务，以卖出价减去买入价后的余额为营业额

B. 外汇转贷业务，以贷款利息减去借款利息后的余额为营业额

C. 运输企业自中华人民共和国境内运输旅客或者货物出境，在境外改由其他运输企业承运乘客或者货物的，以全程运费减去付给该承运企业的运费后的余额为营业额

D. 融资租赁业务按收取的全部价款和价外费用减去出租方承担的成本后的余额按直线法算出本期的营业额

6. 关于个人营业税的起征点的陈述，正确的有（　　）。

A. 按月纳税的，营业额 5 000～20 000 元

B. 按次纳税的，每次营业额 300～500 元

C. 营业额达到起征点应照章全额纳税

D. 起征点以下的免征营业税

7. 下列各项中，不征收营业税的有（　　）。

A. 人民银行对金融机构的贷款业务

B. 人民银行委托金融机构贷款的业务

C. 中国出口信用保险公司办理的出口信用保险业务

D. 中国出口信用保险公司办理的出口信用担保业务

8. 下列各选项中，应由纳税人向其机构所在地主管税务机关申报缴纳营业税的有（　　）。

A. 转让无形资产　　B. 经营运输业务

C. 转让土地使用权　　D. 销售不动产

9. 下列各项中，符合营业税有关规定的有（　　）。

A. 拍卖行向委托方收取的手续费可减除拍卖过程中发生的费用后计征营业税

B. 保险企业趸交保费的，以当年实际收取的保费为营业额计征营业税

C. 对旅行社组织境外旅游收取的各项费用可减除其付给境外接团企业的费

用后的余额计征营业税

D. 保险企业开展无赔偿奖励业务的，以向投保人实际收取的保费为营业额计征营业税

10. 下列企业的营业行为，属于混合销售行为的有（　　）。

A. 某饭店既开设餐厅、客房，又开设商场为顾客提供多方面服务

B. 某餐厅既经营餐饮业又经营娱乐业

C. 某建筑公司为承建的工程既提供全部建筑材料又承担建筑、安装业务

D. 某运输公司销售货物并负责运输所售货物

11. 营业税纳税人取得的下列各项收入中，能作为营业税计税依据的有（　　）。

A. 物业管理公司代供电部门收取电费取得的手续费收入

B. 金融机构实际收到的结算罚款、罚息收入

C. 国家进出口银行办理出口信用保险业务取得的收入

D. 运输企业实际取得的装卸搬运收入

12. 下列经营活动中，计算缴纳营业税的税率使用正确的有（　　）。

A. 个人在旅游景区经营观光电车取得的收入为 3%

B. 建筑设计收入为 3%

C. 单位在旅游景区经营环保客运车取得的收入为 5%

D. 销售支票业务为 5%

13. 金融保险业缴纳营业税时，以取得收入当天为纳税义务发生时间的有（　　）。

A. 融资租赁业　　　　B. 金融商品转让业务

C. 保险业务　　　　D. 贷款业务（已逾期 30 天）

14. 营业税的计税依据是纳税人提供劳务的营业额、转让无形资产或销售不动产的销售额，包括纳税人向对方收取的（　　）。

A. 预收性质的价款　　　　B. 全部价款

C. 赔偿金收入　　　　D. 价外费用

15. 关于保险业营业税的计算，以下表述正确的有（　　）。

A. 境内保险人将其承保的以境内标的物为保险标的的保险业务向境外再保险人办理分保的，以全部保费收入减去分保保费后的余额为营业额

B. 趸交保费时以当年实际收取的保费（一次性确认的保费收入）计算缴纳营业税

C. 已缴过营业税的应收未收保费，凡在会计制度规定的核算期内收回的，可从营业额中减除

D. 保险企业开展无赔偿奖励业务的，以向投保人实际收取的保费为营业额

16. 以下应缴纳营业税的行为有（　　）。

A. 邮政部门销售集邮商品、发行报刊

B. 电信部门销售无线寻呼机、移动电话等

C. 百货商场销售无线寻呼机、移动电话等

D. 电信部门提供的上网培训

17. 计提营业税的会计分录为（　　）。

A. 借：营业税金及附加

　　贷：应交税费——应交营业税

B. 借：其他业务成本

　　贷：应交税费——应交营业税

C. 借：固定资产清理

　　贷：应交税费——应交营业税

D. 借：营业外支出

　　贷：应交税费——应交营业税

18. 按《营业税暂行条例》规定，下列项目免征营业税的有（　　）。

A. 养老院提供的育养服务取得的收入

B. 残疾人员本人向社会提供劳务的收入

C. 学校以各种名义收取的赞助费

D. 书画院的门票收入

19. 下列各项保险收入，应当缴纳营业税的有（　　）。

A. 境内某保险公司为某公司境内财产提供的保险

B. 境外某保险公司为某公司境内财产提供的保险

C. 境内某保险公司为某外贸公司出口货物提供的保险

D. 境内某保险公司开展的一年期以上的返还性人身保险

20. 某饭店服务设施齐全，经营范围包括住宿、餐饮、健身、歌舞厅、代办机票火车票、电子商务、电话电信服务等，其应纳营业税涉及的税目有（　　）。

A. 邮电通信业　　　　B. 服务业

C. 文化体育业　　　　D. 娱乐业

四、计算题

1. 宏达建筑公司以15 000万元的总承包额中标，为安居房地产开发公司承建一幢写字楼，之后宏达建筑公司又将该写字楼工程的装饰工程以5 000万元分包给兴业建筑公司。工程完工后，房地产开发公司用其自有的市值4 000万元的两幢普通住宅楼抵顶了应付给宏达建筑公司的部分工程劳务费。

要求：分别计算有关各方应缴纳和应扣缴的营业税税款。

2. 房地产公司自建写字楼18万平方米，工程成本每平方米2 000元，售价每平方米3 600元。当年销售自建写字楼10万平方米；将0.5万平方米自建写字楼无偿赠送给乙单位（当地营业税成本利润率为10%）。

要求：请计算该房地产公司当年应纳的营业税。

3. 某广告公司当年4月发生以下业务：

(1) 取得广告业务收入94万元，营业成本为90万元，支付给某电视台的广告发布费为25万元，支付给某报社的广告发布费为18万元。经主管税务机关审核，认为其广告收费明显偏低，且无正当理由，又无同类广告可比价格，于是决定重新审核其计税价格（核定的成本利润率为16%）。

(2) 当月以价值100万元不动产、30万元的无形资产投资入股某企业。

要求：计算该广告公司当月应纳营业税税额。

4. 某市一娱乐公司今年1月1日开业，经营范围包括娱乐、餐饮及其他服务，当年收入情况如下：

(1) 门票收入220万元，歌舞厅收入400万元，游戏厅收入100万元；

(2) 保龄球馆自7月1日开馆，至当年年底取得收入120万元；

(3) 美容美发、中医按摩收入150万元；

(4) 非独立核算的小卖部销售收入60万元；

(5) 餐饮收入600万元（其中包括销售自制的180吨啤酒所取得的收入）；

(6) 与某公司签订租赁协议书，将部分空闲的歌舞厅出租，分别取得租金76万元、赔偿金4万元；

(7) 派出5名员工赴国外提供中医按摩服务，取得收入70万元；

(8) 经批准从事代销福利彩票业务取得手续费10万元。

（注：除税法统一规定的特殊项目外，该公司所在地省政府规定，其他娱乐业项目的营业税税率为5%。）

要求：按下列顺序回答问题，每问均为共计金额：

(1) 计算娱乐公司当年应缴纳的营业税；

(2) 计算娱乐公司当年应缴纳的消费税；

(3) 计算娱乐公司当年应缴纳的城市维护建设税；

(4) 计算娱乐公司当年应缴纳的教育费附加。

5. 某运输公司当年8月发生下列业务：

(1) 取得客运收入19.98万元，替保险公司代收保险费200元，付给境外运输企业运费15万元；

(2) 取得货运收入30万元，支付给其他联运单位运费10万元；

(3) 销售货物并负责运输取得收入16万元。

要求：计算该公司8月份应纳营业税额，并说明其纳税地点和时间。

6. 某服务公司主要从事人力资源中介服务，当年2月份发生以下业务：

(1) 接受某用工单位的委托安排劳动力，取得该单位支付的价款共计50万元。其中，40万元用于支付劳动力的工资和社会保险费，2万元用于支付劳动力的住房公积金。

(2) 提供人力资源咨询服务取得收入40万元。

(3) 提供会议服务取得收入30万元。

(4) 在中国境内接受境外企业的远程业务指导（境外企业未派人来华），支付费用20万元。

(5) 借款给某单位，按同期银行贷款利率收取资金占用费10万元。

(6) 转让接受抵债所得的一处房产，取得收入800万元。抵债时该房产作价500万元。

要求：根据上述资料，按照下列顺序计算回答问题，每问需计算出合计数。

(1) 计算受托安排劳动力业务应缴纳的营业税。

(2) 计算提供人力资源咨询服务应缴纳的营业税。

(3) 计算提供会议服务应缴纳的营业税。

(4) 计算接受境外企业远程业务指导所付费用应代扣代缴的营业税。

(5) 计算收取的资金占用费应缴纳的营业税。

(6) 计算转让房产应缴纳的营业税。

五、业务题

1. 某港口8月份取得以下收入：装卸收入23万元，堆存收入20万元，港务管理收入12万元，代理业务收入8万元，固定资产出租收入2万元，技术转让收入3万元。

2. 某建筑公司3月份有关收入如下：工程结算收入120万元，其中包括甲方提供的工程用料35万元；支付给某工程队分包工程款3.3万元。其他业务收入26万元，其中机械作业收入11万元，无形资产转让收入15万元。

3. 某旅行社5月份共取得营业收入160万元，相关收支如下：

(1) 支付给其他单位住宿费、餐费、交通费、门票等代付费用28万元；

(2) 组织赴韩国、俄罗斯旅游团5个，共200人。赴韩国120人，向当地旅行社支付每人2 500元的旅游费；赴俄罗斯80人，向当地旅行社支付每人2 800元的旅游费。

该企业以上月税款为基数按旬预缴营业税，上月营业税额为48 000元。

4. 某饭店8月份取得营业收入如下：客房收入20万元，写字楼营业收入14万元，餐厅营业收入22万元，饭店所属洗衣房收入4万元。饭店所属舞厅收入12万元，柜台食品饮料收入5万元，康乐收入15万元。当地规定娱乐业营业税税率为20%。

5. 某房地产开发企业 10 月份收入如下：

（1）该企业按合同完成后一次性结算工程价款，承建商品住宅楼两栋，当月竣工，建筑面积 3 000 平方米，每平方米成本 1 450 元，成本利润率 6%。

（2）经营收入 2 200 万元，其中商品房销售收入 1 500 万元，配套设施销售收入 400 万元，代理工程结算收入 200 万元，租金收入 100 万元。

（3）转让无形资产收入 17 万元。税务机关核定该企业按旬纳税，以上月为基数，9 月份营业税税款 9 万元。

6. 某保险公司（营业税税率 5%）6 月份有关收入如下：

（1）人身险业务保费收入 8 万元。

（2）财产险业务保费收入 18 万元。

（3）利息收入 12 万元。

（4）手续费收入 5 万元。

要求：根据上述资料，计算企业应交营业税，并编制相应的会计分录。

六、案例题

案例 1

某税务师事务所于近日为 NM 建筑工程公司代理纳税审查，注册税务师查阅了该公司的有关账证资料，本纳税期主要发生了如下几笔涉税经济业务：

（1）该公司自建同一规格和标准的楼房 3 栋，建筑安装成本为 6 000 万元，成本利润率 10%，房屋建成后，该公司将其中一栋留作自用，一栋对外出租，取得租金收入 200 万元，另一栋对外销售，取得销售收入 3 500 万元。

（2）该公司承接我国境内的某外国独资企业的建筑工程两项，其中一项工程在境外，工程总造价 3 000 万元，另一项在境内，工程总造价 5 000 万元。该公司将 3 000 万元的境内工程分包给 B 建筑公司。工程结束后，某外国企业除支付工程价款外，又支付给该公司材料差价款 200 万元、劳动保护费 50 万元、施工机构迁移费 20 万元、全优工程奖 150 万元、提前竣工奖 100 万元。该公司将收取的五项价外费用的一半支付给 B 公司。

（3）该公司和 C 建筑公司共同承接某建设单位一项工程，工程总造价 2 000 万元。分工如下：工程合同由建设单位与 C 公司签订，该公司负责设计及对建设单位承担质量保证，并向 C 公司按工程总额的 15%收取管理费 300 万元。

（4）该公司承接某商场建筑工程业务，其形式为实行一次承包到底，工程总造价 1 000 万元，其中包括商场电梯价款 120 万元。工程竣工后，经有关部门验收，发现工程质量存在一定的问题，按合同规定，商场对该公司处以 5 万元的罚款，并从其工程价款中扣除。此外，该公司在具体结算时，对电梯没有作为安装产值入账。

NM 公司会计人员申报营业税计算如下：

（1）应纳营业税＝200×5％＋3 500×5％＝185(万元)

（2）应纳营业税＝(5 000－3 000)×3％＝60(万元)

代扣代缴营业税＝3 000×3％＝90（万元）

（3）应纳营业税＝300×3％＝9(万元)

（4）应纳营业税＝(1 000－5)×3％＝29.85(万元)

应纳营业税合计＝185＋60＋9＋29.85＝283.85(万元)

NM公司应纳营业税283.85万元，应代扣代缴营业税90万元。

分析要求：请指出该公司计算过程中的错误之处，并说明理由。

案例2

某房地产开发公司5月份发生下列业务：

（1）将新建的一栋房屋无偿捐赠给附近的一所小学。该房屋由其他单位施工，账面成本518 181元（成本利润率为10％）。

（2）以本公司的一栋房产对外投资，参与接受投资方利润分配，共同承担投资风险。房产原值500万元，评估价600万元，两年后该公司转让该项股权，取得转让收入650万元。

（3）以本公司的一栋原值为300万元的房屋作抵押，向某商业银行贷款150万元（按照我国金融部门的有关规定，以财产抵押方式申请贷款的，其借款金额不得超过财产价值的50％），贷款期限3年，贷款年利率为8％。按照协议规定，抵押期间该房产由银行使用，公司不再负担贷款利息。贷款期满后，该公司因发生财务困难，无力偿还贷款本金，经双方协商，银行将所抵押房产收归己有，核定该房屋价值为320万元，银行向该公司支付人民币170万元。

企业会计人员申报营业税时计算如下：

（1）应纳营业税＝518 181÷(1－5％)×5％＝27 272.68(元)

（2）应纳营业税＝6 000 000×5％＝300 000(元)

（3）应纳营业税＝3 200 000×5％＝160 000(元)

公司应纳营业税＝27 272.68＋300 000＋160 000＝487 272.68(元)

分析要求：该公司营业税的计算申报是否有误，请说明理由。

案例3

某金融机构主要经营存贷款业务并提供其他金融服务。该企业当年第二季度发生以下几笔经济业务：

（1）“其他贷款利息收入”130万元，其中票据贴现贷款利息收入30万元，外汇转贷业务利息收入100万元（支付本期境外借入的外汇资金利息80万元）；另外，“金融机构往来利息收入”账户反映同业往来利息收入25万元。

(2) 本期吸收存款 5 000 万元，取得贷款利息收入 2 000 万元（不含上述其他贷款利息收入和金融机构往来利息收入），本期应支付各项存款利息 1 500 万元。

(3) 以银行存款 300 万元向甲公司投资，协议规定，甲公司每年向该金融机构支付固定利润 36 万元，每月月末支付 3 万元，本季度共收到甲公司 9 万元。

(4) 本期在提供金融劳务的同时，销售账单凭证、支票等取得收入 3 万元，代收邮电费 11 万元，收到乙公司委托放贷手续费收入 6 万元（本期取得委托放贷利息收入 60 万元，手续费按利息收入的 10%计算）。

(5) 本期实际收到的结算罚息收入 20 万元；发生出纳长款 2 万元。

(6) 因发放政策性贴息贷款获得利差补贴收入 6 万元。

(7) 该金融机构兼营金银业务本期取得利差收入 20 万元。

会计人员针对上述业务申报纳税时计算如下：

(1) 应纳营业税＝30×5%＋(100－80＋25)×5%＝3.75(万元)

(2) 应纳营业税＝(2 000－1 500)×5%＝25(万元)

(3) 未计算营业税。

(4) 应纳营业税＝(3＋11＋6)×5%＝1(万元)

(5) 应纳营业税＝(20＋2)×5%＝1.1(万元)

(6) 利差补贴未计算营业税。

(7) 金银业务收入未计算营业税。

该企业二季度应纳营业税＝3.75＋25＋1＋1.1＝30.85(万元)

分析要求： 请指出上述计算过程中的错误之处，并说明理由。

参考答案

一、名词解释

1. 营业税，是以纳税人从事经营活动的营业（经营）额为纳税对象的一种流转税。

2. 营业税的纳税人，是指在我国境内提供应税劳务、转让无形资产、销售不动产的单位和个人。

二、单项选择题

1. B	2. A	3. B	4. A	5. B
6. B	7. B	8. B	9. D	10. A
11. B	12. D	13. C	14. C	15. B
16. A	17. D	18. C	19. B	20. B
21. A	22. B	23. B	24. C	25. B

三、多项选择题

1. AB	2. ACD	3. ABC	4. ABC	5. ABCD
6. ACD	7. ACD	8. AB	9. BCD	10. CD
11. ABD	12. CD	13. AC	14. BCD	15. ABCD
16. ABD	17. ABC	18. ABD	19. AB	20. BD

四、计算题

1. （1）宏达建筑公司应纳建筑业营业税＝(15 000－5 000)×3%＝300(万元)

（2）宏达建筑公司应代扣代缴兴业建筑公司建筑业营业税＝5 000×3%＝150(万元)

（3）安居房地产公司应纳销售不动产营业税＝4 000×5%＝200(万元)

2. （1）计算该房地产公司当年应纳建筑业营业税。

应纳建筑业营业税＝2 000×(10＋0.5)×(1＋10%)÷(1－3%)×3%
＝714.43(万元)

（2）计算该房地产公司当年应纳销售不动产营业税。

销售不动产的营业税＝3 600×(10＋0.5)×5%＝1 890(万元)

（3）该房地产公司当年应纳的营业税＝714.43＋1 890＝2 604.43(万元)

3. 纳税人提供应税劳务、转让无形资产或销售不动产的价格明显偏低且无正当理由的，主管税务机关有权重新审定其营业额；广告公司从事广告代理业务，支付给媒体的广告发布费可以从营业额中扣除；以无形资产和不动产对外投资入股不征收营业税。

广告业务的计税营业额＝90×(1＋16%)÷(1－5%)＝109.89(万元)
应纳营业税＝(109.89－25－18)×5%＝3.34(万元)

4. （1）该公司应缴纳的营业税为：

1）门票收入应缴营业税＝220×20%＝44(万元)

（注：该公司主营娱乐业，门票收入按娱乐业税目计征，税率为20%。）

歌舞厅收入应缴营业税＝400×20%＝80(万元)
游戏厅收入应缴营业税＝100×20%＝20(万元)

2）保龄球收入应缴营业税＝120×5%＝6(万元)

3）美容美发、中医按摩收入应缴营业税＝150×5%＝7.5(万元)

4）非独立核算小卖部是兼营行为，不缴纳营业税，缴纳增值税。

应缴纳的增值税＝60÷(1＋3%)×3%＝1.75(万元)

5）餐饮收入应缴营业税＝600×5%＝＝30(万元)

（注：销售自制的180吨啤酒所取得的收入属于营业税的混合销售行为，征收营业税。）

6）将部分闲置的歌舞厅出租应缴营业税＝(76＋4)×5%＝4(万元)

7）赴国外提供中医按摩服务取得收入属于境外发生的劳务，不是营业税的征收范围。

8）代销福利彩票业务手续费收入应缴营业税＝10×5%＝0.5(万元)

娱乐公司当年应缴营业税合计＝44＋80＋20＋6＋7.5＋30＋4＋0.5
＝192(万元)

（2）该娱乐公司销售自制啤酒应纳消费税＝180×250÷10 000＝4.5(万元)

（3）该娱乐公司当年应纳城市维护建设税＝(192＋1.75＋4.5)×7%
＝13.88(万元)

（4）该娱乐公司当年应缴纳的教育费附加＝(192＋1.75＋4.5)×3%
＝5.95(万元)

5. 税法规定，运输企业自我国境内运载旅客或货物出境，在境外其载运的旅客或货物改由其他运输企业承运的，以全程运费减去付给国外运输企业运费后的余额为营业额。对于联运业务，以实际取得的营业额为计税依据；对从事运输业务的单位和个人既销售货物又负责运输的混合销售行为，应征收增值税，不征营业税。

应纳营业税＝(199 800＋200－150 000＋300 000－100 000)×3%
＝7 500(元)

该公司应于次月10日前向其机构所在地的主管税务机关申报缴纳营业税7 500元。

6.（1）受托安排劳动力业务应缴纳的营业税＝(50－40－2)×5%
＝0.4(万元)

营业额中需扣除代支付的劳动力的住房公积金。

（2）提供人力资源咨询服务应纳营业税＝40×5%＝2(万元)

（3）提供会议服务应缴纳的营业税＝30×5%＝1.5(万元)

（4）接受境外企业远程业务指导所付费用代扣代缴营业税＝20×5%＝1(万元)

不论是否派人来华，只要接受劳务的单位在境内，提供劳务的企业就应在我国缴纳营业税。

（5）收取的资金占用费应纳营业税＝10×5%＝0.5(万元)

（6）转让房产应纳营业税＝(800－500)×5%＝15(万元)

五、业务题

1. 应缴营业税＝(23＋20＋12)×3%＋(8＋2＋3)×5%＝2.3(万元)

会计处理如下：

计提营业税时。

借：营业税金及附加　　16 500

　　其他业务成本　　6 500

　贷：应交税费——应交营业税　　23 000

上缴营业税时。

借：应交税费——应交营业税　　23 000

　贷：银行存款　　23 000

2. 收入实现时。

借：银行存款　　1 110 000

　贷：主营业务收入（1 200 000－350 000－33 000）　　817 000

　　　其他应付款——应付分包款项　　33 000

　　　其他业务收入　　260 000

计算营业税。

工程结算收入应缴营业税＝120×3%＝3.6(万元)

其他业务收入应缴营业税＝11×3%＋15×5%＝0.33＋0.75

＝1.08(万元)

借：营业税金及附加　　36 000

　　其他业务成本　　10 800

　贷：应交税费——应交营业税　　46 800

分包工程代扣营业税＝3.3×3%＝990(元)

借：应付账款——应付分包款　　990

　贷：应交税费——应交营业税　　990

将扣除代扣营业税后的分包款划给工程队时。

借：应付账款——应付分包款　　32 010

　贷：银行存款　　32 010

3. (1) 旅行社应缴纳的营业税

＝(1 600 000－280 000－120×2 500－80×2 800)×5%

＝39 800(元)

(2) 上月应缴纳的营业税＝48 000(元)

按旬预缴营业税时。

借：应交税费——应交营业税（48 000÷3）　　16 000

贷：银行存款 16 000

本月计提营业税时。

借：营业税金及附加 39 800

贷：应交税费——应交营业税 39 800

退回多缴税款时。

应退回多缴税款＝48 000－39 800＝8 200(元)

借：银行存款 8 200

贷：应交税费——应交营业税 8 200

4. (1) 客房收入应缴纳的营业税＝200 000×5%＝10 000(元)

(2) 写字楼收入应缴纳的营业税＝140 000×5%＝7 000(元)

(3) 餐厅收入应缴纳的营业税＝220 000×5%＝11 000(元)

(4) 洗衣房收入应缴纳的营业税＝40 000×5%＝2 000(元)

(5) 舞厅收入应缴纳的营业税＝120 000×20%＝24 000(元)

(6) 柜台食品饮料收入应缴营业税＝50 000×5%＝2 500(元)(混合销售行为)

(7) 康乐收入应缴营业税＝150 000×20%＝30 000(元)

应缴纳的营业税总额＝10 000＋7 000＋11 000＋2 000＋24 000＋2 500＋30 000

＝86 500(元)

借：营业税金及附加 86 500

贷：应交税费——应交营业税 86 500

实际上缴税金时。

借：应交税费——应交营业税 86 500

贷：银行存款 86 500

5. (1) 应缴建筑业营业税额＝3 000×1 450×(1＋6%)÷(1－3%)×3%

＝142 608.25(元)

(2) 商品房销售、配套设施销售属于“销售不动产”，税率为5%。

应缴营业税额＝(15 000 000＋4 000 000)×5%＝950 000(元)

(3) 代理工程结算收入属于“建筑业”，税率为3%。

应缴营业税额＝2 000 000×3%＝60 000(元)

(4) 租金收入属于“服务行业”，税率为5%。

应缴营业税额＝1 000 000×5%＝50 000(元)

(5) 转让无形资产收入应缴纳的营业税＝170 000×5%＝8 500(元)

会计分录如下：

按上月的营业税预缴（按旬）本月营业税时。

借：应交税费——应交营业税（90 000÷3）　30 000

　贷：银行存款　30 000

计提本月应纳的营业税额。

借：营业税金及附加（142 608.25＋950 000＋60 000＋50 000）　1 202 608.25

　贷：应交税费——应交营业税　1 202 608.25

借：其他业务成本　8 500

　贷：应交税费——应交营业税　8 500

下月初结清上月税款时。

应补缴税款＝1 202 608.25＋8 500－90 000＝1 121 108.25(元)

借：应交税费——应交营业税　1 121 108.25

　贷：银行存款　1 121 108.25

6. 保险公司应缴的营业税＝(8＋18＋12＋5)×5％＝2.15(万元)

借：营业税金及附加　21 500

　贷：应交税费——应交营业税　21 500

六、案例题

案例 1

分析：该公司计算过程中有误。理由如下：

(1) 该公司的自建行为应按建筑行业计征营业税，其计税依据为组成计税价格[组成计税价格＝营业成本或工程成本×(1＋成本利润率)/(1－营业税税率)]；自建自用不缴纳营业税；对外出租楼房按服务行业计征营业税；对外销售楼房按销售不动产计征营业税。

$$\begin{aligned}\text{自建行为应纳营业税}&=\text{工程成本}\times\left(1+\text{成本利润率}\right)\div\left(1-\text{营业税税率}\right)\times\text{营业税税率}\\&=6\,000\times(1+10\%)\div(1-3\%)\times3\%\\&=204.12(\text{万元})\end{aligned}$$

对外出租应纳营业税＝200×5％＝10(万元)

对外销售应纳营业税＝3 500×5％＝175(万元)

(2) 该公司收取的材料差价款、劳动保护费、施工机构迁移费、全优工程奖、提前竣工奖属于价外收取的费用，应并入营业额计征营业税；当该公司又将收取的五项价外费用的一半支付给 B 公司时，应代扣代缴营业税。

应纳营业税=[5 000−3 000+(200+50+20+150+100)÷2]×3%
=67.8(万元)

代扣代缴营业税=[3 000+(200+50+20+150+100)÷2]×3%
=97.8(万元)

(3) 该公司向C公司收取管理费应按服务行业计征营业税，税率为5%。

应纳营业税=300×5%=15(万元)

(4) 该公司承接某商场建筑工程业务，其形式为实行一次承包到底，工程总造价1 000万元，其中包括商场电梯价款120万元。因此，营业额应包括电梯价款。再者，商场对该公司处以5万元的罚款不允许从其工程价款中扣除。

应纳营业税=(1 000+120)×3%=33.6(万元)

案例2

分析：该公司营业税的计算申报有误，其理由如下：

(1)《营业税暂行条例》规定：单位将不动产无偿赠与他人，视同销售不动产征收营业税；并由主管税务机关按照组成计税价格核定营业额。

组成计税价格=计税营业成本×(1+成本利润率)÷(1−营业税税率)

应纳营业税=组成计税价格×营业税税率
=518 181×(1+10%)÷(1−5%)×5%
=30 000(元)

(2)《营业税暂行条例》规定：自2003年1月1日起，以不动产投资入股，参与接受投资方利润分配、共同承担投资风险的行为，不征营业税。在投资后转让其股权的也不征营业税。

3. 该公司在借款期间按照应支付利息作为财产租赁收入征收营业税。贷款期满后，因该房地产的所有权发生了转移，故应按照“销售不动产”税目征收营业税。

应纳营业税=1 500 000×8%×3×5%+3 200 000×5%=178 000(元)

案例3

分析：该金融机构计算营业税的结果不正确。

(1) 税法规定，对金融企业经营外汇转贷业务，以贷款利息收入减去借款利息支出后的余额为营业额计算征收营业税；票据贴现利息收入应按规定征收营业税；金融机构往来业务暂不征收营业税。

应纳营业税＝30×5％＋(100－80)×5％＝2.5(万元)

(2) 一般贷款业务的营业额为贷款利息收入，不允许扣除利息支出。

应纳营业税＝2 000×5％＝100(万元)

(3) 金融企业以货币资金投资但收取固定利润或保底利润的行为，属于贷款业务，应按实际收取的营业收入计征营业税。

应纳营业税＝9×5％＝0.45(万元)

(4) 销售账单凭证、支票等属于混合销售行为，应征营业税；金融企业从事受托业务，如代收邮电费等，以全部收入减去支付给委托方价款后的余额为营业额，计算征收营业税；对委托发放贷款取得的利息收入应代扣代缴营业税。

应纳营业税＝(3＋1.1＋6)×5％＝0.505(万元)

代扣代缴营业税＝(60＋11)×5％＝3.55(万元)

(5) 一般贷款业务的营业额为贷款利息收入，包括各种加息、罚息等。但发生的出纳长款收入不征收营业税。

应纳营业税＝20×5％＝1(万元)

(6) 因发放政策性贴息贷款获得利差补贴收入不征营业税。

(7) 金银业务收入应计算增值税和消费税，不征营业税。

第 8 章

Chapter 8 资源税会计

学习目标

本章重点阐述了资源税的确认、计量、记录与申报等问题。通过本章的学习，应当掌握资源税应纳税额的计算（从不同的纳税范围）、会计处理（主要包括销售、自产自用、代扣代缴等）与纳税申报；理解资源税的特点；了解资源税的发展前景。

学习指导

1. 学习重点：（1）资源税的征税范围；（2）资源税应纳税额的计算及其会计处理。

2. 学习难点：资源税课税数量的确认。

练习题

一、名词解释

资源税

二、单项选择题

1. 下列单位出售的矿产品中，不缴纳资源税的是（　　）。

A. 采矿销售天然大理石　　　　B. 油田出售的天然气

C. 盐场销售的卤水　　　　D. 盐业公司销售的食盐

2. 关于原油的资源税征税范围，以下描述正确的是（　　）。

A. 指开采的天然原油，不包括人造石油

B. 包括人造石油

C. 油页岩

D. 所有的石油产品

3. 扣缴义务人代扣代缴的资源税，应当向（　　）主管税务机关缴纳。

A. 开采地　　B. 收购地

C. 生产所在地　　D. 销售地

4. 某油田当年1月生产原油20万吨，当月销售额19.5万元，加热、修井用0.5万吨；开采天然气1 000万立方米，当月销售额900万元，待售100万立方米。原油、天然气的税率为5%。则该油田本月应纳资源税（　　）万元。

A. 45.975　　B. 600　　C. 613.5　　D. 615

5. 某井矿盐场（增值税一般纳税人）2012年5月外购液体盐2 000吨用于固体盐的加工，支付含税款项105.3万元，取得增值税专用发票，当期自行开采液体盐5 000吨，上述外购和自产的液体盐全部投入固体盐生产，当月该盐场销售固体盐3 000吨，取得不含税销售额200万元，液体盐资源税单位税额为2元/吨，固体盐资源税单位税额为10元/吨，则当月应纳的资源税和增值税的合计数为（　　）万元。

A. 16.49　　B. 17.49　　C. 18.7　　D. 21.3

6. 某盐厂本期以自产液体盐50 000吨和外购液体盐10 000吨（每吨已缴纳资源税5元）加工固体盐12 000吨对外销售，取得销售收入600万元；本月生产销售液体盐10 000吨，已知固体盐税额为每吨30元，液体盐税额为每吨8元；该盐厂本期应缴纳资源税（　　）万元。

A. 36　　B. 61　　C. 25　　D. 39

7. 某煤矿本月生产煤炭10万吨，同时开采天然气5 000万立方米，本月销售煤炭8万吨，销售天然气4 000立方米。已知该煤矿适用的单位税额为2.5元/吨，煤矿邻近的某石油管理局天然气的单位税额为8元/千立方米，该煤矿本月应纳的资源税税额为（　　）万元。

A. 55　　B. 40　　C. 20　　D. 25

8. 某采矿企业6月份共开采锡矿石50 000吨，销售锡矿石40 000吨，适用税额6元/吨。该企业6月应纳资源税（　　）元。

A. 168 000　　B. 300 000　　C. 210 000　　D. 240 000

9. 开采原油过程中用于加热、修井的原油，其资源税（　　）。

A. 减按40%征收　　B. 减征30%

C. 全额征税　　D. 免税

10. 企业按规定计算出对外销售应税产品应纳资源税时，正确的会计处理为（　　）。

A. 借：营业税金及附加

　　贷：应交税费——应交资源税

B. 借：生产成本

　　贷：应交税费——应交资源税

C. 借：制造费用

　　贷：应交税费——应交资源税

D. 借：物资采购

　　贷：应交税费——应交资源税

三、多项选择题

1. 下列各项中，属于资源税纳税人的有（　　）。

A. 开采原煤的国有企业　　B. 进口铁矿石的私营企业

C. 开采石灰石的个体经营者　　D. 开采天然原油的外商投资企业

2. 下列属于《资源税税目税额幅度表》中所列部分税目的征税范围的有（　　）。

A. 开采原油　　B. 煤矿开采的天然气

C. 开采原煤　　D. 生产固体盐和液体盐

3. 下列应税资源产品可以采用代扣代缴方式征收资源税的有（　　）。

A. 原油　　B. 铜矿石　　C. 天然气　　D. 石棉矿

4. 下列各项中，不征收资源税的有（　　）。

A. 液体盐　　B. 人造原油

C. 洗煤、选煤　　D. 煤矿生产的天然气

5. 纳税人销售应税产品，其纳税义务发生的时间是（　　）。

A. 纳税人采取分期收款结算方式的，其纳税义务发生时间，为销售合同规定的收款日期的当天

B. 纳税人采取预收货款结算方式的，其纳税义务发生时间，为收到预收款的当天

C. 纳税人采取其他结算方式的，其纳税义务发生时间，为收讫销售款或者取得索取销售款凭据的当天

D. 纳税人自产自用应税产品的纳税义务发生时间，为移送使用应税产品的当天

6. 下列属于资源税扣缴义务人的有（　　）。

A. 独立矿山　　B. 联合企业

C. 其他收购未税矿产品的单位　　D. 其他收购原煤的单位

7. 下列纳税人的纳税期限正确的有（　　）。

A. 纳税人的纳税期限为 1 日、3 日、5 日、10 日、15 日或者 1 个月，由主

管税务机关根据实际情况具体核定

B. 扣缴义务人可以按次计算纳税

C. 纳税人以 1 个月为一期纳税的，自期满之日起 10 日内申报纳税

D. 以 1 日、3 日、5 日、10 或者 15 日为一期纳税的，自期满之日起 5 日内预缴税款，于次月 1 日起 10 日内申报纳税并结清上月税款

8. 下列属于资源税税目的有（　　）。

A. 天然气　　B. 黑色金属矿原矿

C. 盐　　D. 未列名称的非金属矿原矿

9. 下列资源税纳税地点表述正确的有（　　）。

A. 资源税纳税人应向开采或生产所在地主管税务机关纳税

B. 跨省开采的，在开采地纳税

C. 扣缴义务人应向收购地税务机关缴纳

D. 省内开采的，在机构所在地主管税务机关缴纳

10. 下列各项中，符合资源税法有关课税数量规定的有（　　）。

A. 纳税人开采应税产品销售的，以开采数量为课税数量

B. 纳税人开采应税产品销售的，以生产数量为课税数量

C. 纳税人开采或者生产应税产品销售的，以销售数量为课税数量

D. 纳税人开采或者生产应税产品自用的，以自用数量为课税数量

四、计算题

1. 某盐场当年 3 月发生下列各项购销业务：

（1）购进液体盐 1 200 吨，用于继续加工生产成固体盐；

（2）进口 600 吨固体盐，完税价格 60 万元，已缴纳关税 3.5 万元；

（3）销售当月生产的全部固体盐 1 200 吨；

（4）销售外购的液体盐 500 吨；

（5）自己使用进口固体盐 50 吨；

（6）盐场月初外购液体盐库存 4 500 吨，月末外购液体盐库存 400 吨；

（7）主管税务机关核定固体盐单位税额为 50 元/吨，液体盐单位税额为 8 元/吨。

要求：计算该盐场当月应缴纳的资源税税额。

2. 某矿业联合公司从事天然气开采、煤矿开采、铜矿、铁矿开采和冶炼，某年 12 月生产经营情况如下：

（1）气田独立开采天然气 50 000 千立方米；煤矿开采原煤 550 万吨，采煤过程中生产天然气 3 000 千立方米。

（2）销售原煤 250 万吨，取得不含税销售额 22 000 万元。

（3）以原煤直接加工洗煤 110 万吨，对外销售 90 万吨，取得不含税销售额

15 840 万元。

(4) 企业职工食堂和供热等用原煤 3 000 吨。

(5) 销售专门开采天然气 37 000 千立方米，其销售额 37 000 万元。

(6) 开采铜矿 1 560 万吨，选铜精粉 230 万吨（选矿比 20%）当月全部出售；销售铜矿石 789 万吨。

(7) 开采铁矿石 3 800 万吨，直接移送 2 000 万吨用于冶炼生铁，对外销售铁矿石 1 560 万吨。

（注：资源税单位税额及税率：原煤 3 元/吨，天然气 8%；洗煤与原煤的选矿比为 60%；铁矿石 10 元/吨；铜矿石 15 元/吨。）

要求：计算该矿业联合公司当年 12 月应缴纳的资源税。

五、业务题

1. **资料：**

(1) 某铜矿 3 月份外销铜矿石原矿 88 吨，核定资源税 1.5 元/吨。

(2) 某矿产公司 4 月份收购未税铜矿石原矿 4 万吨，收购价每吨 800 元，核定资源税 1.5 元/吨；当月销售自产铜矿石 5 万吨，适用税额 1.7 元/吨。

(3) 某独立矿山企业，6 月份自产入选地下矿铁矿石（二等）55 万吨，当月收购入选地下矿铁矿石（四等）5 万吨，每吨收购价 30 元；核定资源税 14 元/吨。

要求：根据上述资料，计算应缴资源税，并做出相应的会计处理。

2. **资料：**

(1) 某煤矿 3 月份外销自产原煤 10 万吨，外销以自产原煤加工的选煤 20 万吨（核定选煤综合回收率 75%）；原煤资源税 0.9 元/吨。

(2) 某油田 1 月销售天然气 10 万元（资源税税率 8%），其中 4 万元用于本油田职工生活，其余外销。

(3) 某盐场 8 月份购进液体盐 8 万吨（资源税 3 元/吨），支付价款 200 万元；经加工，制成精制盐 6 万吨（资源税 20 元/吨），售价 650 万元。该企业按旬预缴资源税，上月实际缴纳资源税 54 万元，下月初结清税款。

要求：根据上述资料，计算应缴资源税，并做出相应的会计处理。

六、案例题

(1) 某铜矿山 10 月份销售铜矿石原矿 10 000 吨，移送入选精矿 2 000 吨，选矿比为 20%，该矿山铜矿属于 5 等，按规定适用 1.2 元/吨单位税额。

$$应纳资源税=(10\,000+2\,000)\times 1.2=14\,400(元)$$

(2) 某煤矿 10 月份对外销售原煤 400 万吨，销售伴采天然气 80 000 立方米。本月后勤部门领用原煤 100 吨，另使用本矿生产的原煤加工洗煤 80 万吨，已知该矿加工产品的综合回收率为 80%，原煤适用单位税额为每吨 2 元，天然气适用的单位税额为每千立方米 10 元。

$$应纳资源税=400\times2+80\div80\%\times2+100\times2+8\times10\div1\,000$$
$$=1\,200.08(万元)$$

(3) 某盐场 10 月份生产液体盐 500 吨，其中对外销售 100 吨。当月生产固体盐 1 000 吨（本月已全部对外销售)，共耗用液体盐 1200 吨，其中 400 吨是本企业自产的液体盐，另 800 吨液体盐全部从另一盐场购进，已知液体盐单位税额为 3 元/吨，固体盐单位税额为 25 元/吨。

$$应纳资源税=100\times3+1\,000\times25=25\,300(元)$$

分析要求：请指出上述资源税的计算是否有误，并说明理由。

参考答案

一、名词解释

资源税，是以特定自然资源为纳税对象而征收的一种流转税。

二、单项选择题

1. D　2. A　3. B　4. A　5. D
6. D　7. C　8. A　9. D　10. A

三、多项选择题

1. ACD　2. ACD　3. BD　4. BCD　5. ACD
6. ABC　7. ABCD　8. ABC　9. ABC　10. CD

四、计算题

1. 我国资源税的计税依据为境内开采（或生产）并销售（或自用）应税资源。进口 600 吨固体盐、销售外购的液体盐 500 吨、自己使用进口固体盐 50 吨既不属于资源税的应税范围，也不属于资源税的计税依据，故此类行为不纳资源税。

$$当月应纳资源税=1\,200\times50-(4\,500+1\,200-400-500)\times8$$
$$=21\,600(元)$$

2. (1) 采煤过程中生产天然气 3 000 千立方米，不属于资源税的应税范围，不纳资源税。

(2) 销售原煤应纳资源税=250×3=750（万元）

(3) 以原煤直接加工洗煤，对外销售 90 万吨，折算成原煤 150 万吨（90÷60%）计算资源税。

$$应纳资源税=150\times3=450(万元)$$

（4）企业职工食堂和供热等用原煤 3 000 吨，属于自用，移送当月计算资源税。

本月应纳资源税＝3 000÷10 000×3＝0.9（万元）

（5）销售天然气 37 000 万元，扣除采煤过程中生产的天然气后计算资源税。

应纳资源税＝37 000×8％＝2 960（万元）

（6）铜矿缴纳的资源税＝（230÷20％＋789）×15＝29 085（万元）

（7）该企业具有开采和选矿、冶炼的生产过程，冶炼生铁属于生产用，暂不纳资源税。

铁矿石销售部分应纳资源税＝1 560×10＝15 600（万元）

该公司当月应纳资源税＝750＋450＋0.9＋2 960＋29 085＋15 600
＝48 845.9（万元）

五、业务题

1.（1）应纳资源税＝88×1.5＝132（元）

会计分录如下：

借：营业税金及附加　132
　贷：应交税费——应交资源税　132

实际上缴时。

借：应交税费——应交资源税　132
　贷：银行存款　132

（2）1）收购未税矿产品应代扣的资源税＝40 000×1.5＝60 000（元）

借：物资采购　32 060 000
　贷：应交税费——应交资源税　60 000
　　银行存款　32 000 000

2）销售自产铜矿应纳资源税＝50 000×1.7＝85 000（元）

借：营业税金及附加　85 000
　贷：应交税费——应交资源税　85 000

（3）收购铁矿石时应代扣的资源税＝50 000×14＝700 000（元）

借：物资采购　2 200 000
　贷：应交税费——应交资源税　700 000
　　银行存款　1 500 000

自产入选铁矿石应纳资源税额＝550 000×14＝7 700 000（元）

借：生产成本　7 700 000
　贷：应交税费——应交资源税　7 700 000

2.(1)1)对外销售原煤应纳税额=100 000×0.9=90 000(元)

借:营业税金及附加　90 000

　贷:应交税费——应交资源税　90 000

2)企业自产自用原煤应纳税额=200 000×75%×0.9=135 000(元)

借:生产成本　135 000

　贷:应交税费——应交资源税　135 000

(2)1)生产天然气对外销售应纳税额=(10−4)×8%=4 800(元)

借:营业税金及附加　4 800

　贷:应交税费——应交资源税　4 800

2)用于职工生活的天然气应纳税额=4×8%=3 200(元)

借:管理费用　3 200

　贷:应交税费——应交资源税　3 200

(3)1)购进液体盐应纳资源税=8×3=24(万元)

借:物资采购　1 760 000

　　应交税费——应交资源税　240 000

　贷:银行存款　2 000 000

2)加工精制盐应纳税额=6×20=122(万元)

借:生产成本　1 200 000

　贷:应交税费——应交资源税　1 200 000

3)预缴时。

借:应交税费——应交资源税(540 000÷3)　180 000

　贷:银行存款　180 000

4)月终进行抵缴时。

应补缴的税款=1 200 000−240 000−180 000=780 000(元)

借:应交税费——应交资源税　780 000

　贷:银行存款　780 000

六、案例题

分析:上述资源税的计算有误,理由如下:

(1)税法规定,金属和非金属矿产品原矿,因无法准确掌握纳税人移送适用原矿数量的,可将其精矿按选矿比折算成原矿数量,以此作为课税数量。

应纳税额=入选精矿÷选矿比×单位税额

=(10 000+2 000÷20%)×1.2=24 000(元)

(2)税法规定,纳税人开采或者生产应税产品销售的,以销售数量为课税数量;纳税人开采或者生产应税产品自用的,以自用(非生产用)数量为课税数量；对于连续加工前无法正确计算原煤移送使用量的煤炭，可按加工产品的综合回收率，将加工产品实际销量和自用量折算成原煤数量，以此作为课税数量。

应纳资源税＝4 000 000×2＋800 000÷80%×2＋100×2
　　　　　＝10 000 200(元)

(3) 税法规定，纳税人以自产的液体盐加工固体盐，按固体盐税额征税，以加工的固体盐数量为课税数量。纳税人以外购的液体盐加工成固体盐，其加工固体盐所耗用液体盐的已纳税额准予扣除。

应纳资源税＝100×3＋1 000×25－800×3＝22 900(元)

第9章 所得税会计

Chapter 9

学习目标

本章重点阐述了企业所得税的确认、计量、记录与申报等问题。通过本章的学习，应当掌握企业所得税的基本内容，明确税务会计中的所得税会计与财务会计中的所得税会计的区别与联系，明确税务会计中所得税的确认、计量与申报方法；理解所得税会计的基本理论，财务会计中的企业所得税会计处理方法，尤其是资产负债表债务法；了解个人所得税的代扣代缴，非法人企业个人所得税的计算与申报。

学习指导

1. 学习重点：(1) 企业所得税应纳税所得额的计算；(2) 企业所得税应纳税额的计算；(3) 企业所得税的会计处理方法；(4) 个人所得税应纳税额的计算及代扣代缴的会计处理。

2. 学习难点：(1) 企业所得税应纳税额的计算；(2) 资产负债表债务法的具体应用。

练习题

一、名词解释

1. 企业所得税　　2. 居民企业　　3. 非居民企业
4. 计税基础　　5. 应纳税暂时性差异　　6. 可抵扣暂时性差异
7. 资产负债表债务法　　8. 个人所得税

二、单项选择题

1. 下列各项中，不属于企业所得税纳税人的企业是（　　）。

A. 在外国成立但实际管理机构在中国境内的企业

B. 在中国境内成立的外商独资企业

C. 在中国境内成立的个人独资企业

D. 在中国境内未设立机构、场所，但有来源于中国境内所得的企业

2. 非居民企业在中国境内未设立机构、场所的，或者虽设立机构、场所但取得的所得与其所设机构、场所没有实际联系的，其来源于中国境内的所得应缴纳的所得税，实行源泉扣缴，以（　　）为扣缴义务人。

A. 支付人　　B. 代收人　　C. 代理人　　D. 受让者

3. 根据《企业所得税法》的规定，下列收入中可以不征企业所得税的是（　　）。

A. 金融债券利息收入

B. 非营利组织从事生产经营活动的收入

C. 已做坏账损失处理后又收回的应收账款

D. 依法收取并纳入财政管理的政府性基金

4. 某工业企业本年度全年销售收入为1 000万元，房屋出租收入100万元，提供加工劳务收入50万元，变卖固定资产收入30万元，视同销售收入100万元，当年发生业务招待费10万元。则该企业当年所得税前可以扣除的业务招待费用为（　　）万元。

A. 6　　B. 6.25　　C. 4.75　　D. 3.75

5. 按照《企业所得税法》的有关规定，在计算企业所得税应纳税所得额时，下列项目准予从收入总额中扣除的是（　　）。

A. 固定资产减值准备

B. 被没收财物的损失

C. 遭到龙卷风袭击的存货毁损

D. 非广告性质的赞助支出

6. 非居民企业在中国境内未设立机构、场所，或者虽设立机构、场所，但其取得的所得与其所设机构、场所没有实际联系的，其适用税率为（　　）。

A. 33%　　B. 25%　　C. 20%　　D. 15%

7. 某国有企业上年境内所得1 000万元，境外所得（均为税后所得）有三笔，其中来自甲国两笔所得，分别为60万元和51万元，当地税率分别为40%和15%，来自乙国所得42.5万元，已纳税7.5万元（甲国、乙国均与我国签订了避免重复征税的税收协定）。则上年该国有企业应纳所得税（　　）万元。

A. 250　　B. 255　　C. 248　　D. 246

8. 根据《企业所得税法》的规定，下列对企业所得税征收管理的说法正确的是（　　）。

A. 按月预缴所得税的，应当自月份终了之日起 10 日内，向税务机关报送预缴企业所得税纳税申报表，预缴税款

B. 企业应当在办理注销登记后，就其清算所得向税务机关申报并依法缴纳企业所得税

C. 企业纳税年度亏损，可以不向税务机关报送年度企业所得税纳税申报表

D. 依照《企业所得税法》缴纳的企业所得税，以人民币以外的货币计算的，应当折合成人民币计算并缴纳税款

9. 某企业盈亏状况如下表，企业所得税税率为 25%，7 年共缴纳企业所得税（　　）万元。

年度	1	2	3	4	5	6	7
所得（万元）	−100	−30	20	20	20	30	40

A. 0　　B. 2.43　　C. 10　　D. 1.62

10. 企业纳税年度发生的亏损，准予向以后年度结转，用以后年度的所得弥补，但结转年限最长不得超过（　　）。

A. 5 年　　B. 6 年　　C. 8 年　　D. 10 年

11. 企业为开发新技术、新产品、新工艺发生的研究开发费用，未形成无形资产计入当期损益的，在按照规定据实扣除的基础上，按研究开发费用的（　　）加计扣除；形成无形资产的，按无形资产成本的 150%摊销。

A. 150%　　B. 100%　　C. 50%　　D. 20%

12. 非居民企业取得税法规定的所得，以（　　）为纳税地点。

A. 机构、场所所在地　　B. 注册地

C. 实际管理机构所在地　　D. 扣缴义务人所在地

13. 以下各项税金不允许从收入总额中扣除的是（　　）。

A. 消费税　　B. 资源税

C. 增值税　　D. 营业税

14. 2006 年 2 月 15 日，财政部颁布的《企业会计准则第 18 号——所得税》，明确我国的所得税会计处理将采用（　　）。

A. 应付税款法　　B. 递延法

C. 损益表债务法　　D. 资产负债表债务法

15. 中国公民王某当年的月工资 3 550 元，年末一次性取得奖金 8 400 元，王某全年应缴个人所得税为（　　）元。

A. 480　　B. 540　　C. 270　　D. 252

16. 张某为红利科技公司设计一套软件，按照合同规定，红利科技公司应支付王某劳务报酬 48 000 元，王某的个人所得税由红利科技公司承担；不考虑其他税收的情况下，红利科技公司应代付的个人所得税为（　　）元。

A. 12 526.32　　B. 10 245.28　　C. 12 536.20　　D. 11 252.20

17. 某工程师当年将自己研制的一项非专利技术使用权提供给甲企业，取得技术转让收入 3 000 元，又将自己发明的一项专利转让给乙企业，取得收入 45 000元。该工程师两次所得应纳的个人所得税为（　　）元。

A. 7 640　　B. 7 650　　C. 7 680　　D. 9 200

18. 上年 3 月 1 日，张某与某事业单位签订承包合同经营招待所，承包期为 3 年；当年招待所实现承包经营净利润 150 000 元，按合同规定每年应从承包经营利润中上缴承包费 30 000 元，张某当年应缴纳个人所得税（　　）元。

A. 4 478　　B. 13 650　　C. 4 258　　D. 4 005

19. 企业作为个人所得税的扣缴义务人，应按规定扣缴该企业职工应缴纳的个人所得税。代扣个人所得税时，其账务处理为（　　）。

A. 借：应付职工薪酬

　　贷：应交税费——代扣代缴个人所得税

B. 借：管理费用

　　贷：应交税费——代扣代缴个人所得税

C. 借：固定资产

　　贷：应交税费——应交个人所得税

D. 借：其他应收款——代扣个人所得税

　　贷：应交税费——代扣代缴个人所得税

20. 当年 8 月，李某出版小说一本取得稿酬 80 000 元，从中拿出 20 000 元通过国家机关捐赠给受灾地区。李某 8 月份应缴纳个人所得税（　　）元。

A. 6 160　　B. 6 272　　C. 8 400　　D. 8 960

二、多项选择题

1. 下列各项中，属于《企业所得税法》中“其他收入”的有（　　）。

A. 债务重组收入　　B. 视同销售收入

C. 资产溢余收入　　D. 补贴收入

2. 企业所得税税前扣除的基本原则应体现以下内容（　　）。

A. 真实性　　B. 合法性　　C. 合理性　　D. 配比性

3. 企业所得税税前扣除的确认原则应体现以下内容（　　）。

A. 权责发生制原则　　B. 配比原则

C. 相关性原则　　D. 确定性原则

E. 合理性原则

4. 根据《企业所得税法》的规定，下列收入属于征税收入的有（　　）。

A. 特许权使用费收入　　B. 财产转让收入

C. 劳务收入　　D. 国债利息收入

5. 根据《企业所得税法》的规定，下列收入的确认正确的有（　　）。

A. 权益性投资收益，按照投资方取得投资收益的日期确认收入的实现

B. 利息收入，按照合同约定的债务人应付利息的日期确认收入的实现

C. 租金收入，按照实际收取租金的日期确认收入的实现

D. 特许权使用费收入，按照合同约定的特许权使用人应付特许权使用费的日期确认收入的实现

6. 根据《企业所得税法》的规定，下列关于企业所得税扣除项目的说法中正确的有（　　）。

A. 企业按规定为自有小汽车缴纳保险费，准予扣除

B. 企业扩大经营，以经营租赁方式租入机器设备的租赁费，按照租赁期限均匀扣除

C. 企业发生的公益性捐赠支出，不超过销售（营业）收入总额12%的部分，准予扣除

D. 企业转让固定资产发生的费用，允许扣除

7. 下列项目中，不可以从应纳税所得额中扣除的有（　　）。

A. 企业支付的违约金

B. 企业之间支付的管理费

C. 企业内营业机构之间支付的租金

D. 非银行企业内营业机构之间支付的利息

8. 根据《企业所得税法》的规定，下列关于固定资产计税基础的说法中正确的有（　　）。

A. 盘盈的固定资产，以同类固定资产的重置完全价值为计税基础

B. 通过债务重组方式取得的固定资产，以该资产的账面价值为计税基础

C. 外购的固定资产，以购买价款和支付的相关税费以及直接归属于使该资产达到预定用途发生的其他支出为计税基础

D. 融资租入的固定资产，以租赁合同约定的付款总额和相关费用为计税基础

9. 根据《企业所得税法》的规定，下列资产的税务处理正确的有（　　）。

A. 通过支付现金方式取得的投资资产，以购买价款为成本

B. 企业自行开发的无形资产不得计算摊销费用

C. 企业依法清算时，清算所得为应纳税所得额，按规定缴纳企业所得税

D. 企业不能提供完整、准确的收入及成本、费用凭证，不能正确计算应纳

税所得额的，由企业自行核定其应纳税所得额

10. 根据《企业所得税法》的规定，企业的下列所得可以免征企业所得税的有（　　）。

A. 农作物新品种的选育　　B. 林产品的采集

C. 海水养殖　　D. 牲畜、家禽的饲养

11. 下列项目中，属于企业所得税优惠政策的有（　　）。

A. 企业的固定资产由于技术进步等原因，可以缩短折旧年限

B. 非居民企业减按 15%的所得税税率征收企业所得税

C. 企业购置并实际使用环境保护专用设备的投资，可以按照投资额的 70%抵扣应纳税所得额

D. 企业为开发新技术、新产品、新工艺发生的研究开发费用，形成无形资产的，按照无形资产成本的 150%摊销

12. 根据《企业所得税法》的规定，下列说法正确的有（　　）。

A. 对在中国境内未设立机构、场所的居民企业应缴纳的所得税，由纳税人自行申报缴纳

B. 对非居民企业在中国境内取得劳务所得应缴纳的所得税，税务机关可以指定劳务费的支付人为扣缴义务人

C. 扣缴义务人每次代扣的税款，应当自代扣之日起 7 日内缴入国库

D. 应当扣缴的所得税，扣缴义务人未依法扣缴或者无法履行扣缴义务的，由企业在所得发生地缴纳

13. 企业不提供与其关联方之间业务往来资料的，税务机关有权按照下列方法核定其应纳税所得额（　　）。

A. 参照同类或类似企业的利润率水平核定

B. 按照企业合理的费用加利润的方法核定

C. 按照关联企业集团整体利润的合理比例核定

D. 按照企业成本加合理的费用和利润的方法核定

14. 企业与其关联方之间的业务往来，不符合独立交易原则而减少企业或者其关联方应纳税收入或者所得额的，税务机关有权按照合理方法调整。合理方法一般是指（　　）。

A. 可比非受控价格法　　B. 成本加成法

C. 利润分割法　　D. 交易净利润法

E. 再销售价格法　　F. 其他符合独立交易原则的方法

15. 所得税分摊（摊配）的具体方法包括（　　）。

A. 部分分摊法　　B. 全部分摊法

C. 递延法　　D. 债务法

16. 下列属于永久性差异的有（　　）。

A. 各项税收的滞纳金、罚金和罚款

B. 非救济性、非公益性捐赠和赞助支出

C. 企业购买国债的利息收入

D. 贿赂等违法支出

17. 所得税会计应设置的会计账户有（　　）。

A. “所得税费用”

B. “递延税款”

C. “递延所得税资产”

D. “递延所得税负债”

18. 企业在确认相关资产、负债时，根据所得税准则应予确认的递延所得税资产（或负债），应编制会计分录（　　）。

A. 借：所得税费用——递延所得税费用
　　　资本公积——其他资本公积
　　贷：递延所得税负债

B. 借：递延所得税资产
　　贷：所得税费用——递延所得税费用
　　　　资本公积——其他资本公积

C. 借：所得税费用——递延所得税费用
　　　资本公积——其他资本公积
　　贷：递延所得税资产

D. 借：递延所得税负债
　　贷：所得税费用——递延所得税费用
　　　　资本公积——其他资本公积

19. 纳税人取得的以下所得按照“工资、薪金所得”缴纳个人所得税的有（　　）。

A. 单位为职工个人购买商业性补充养老保险

B. 个人为他人提供担保获得的报酬

C. 个人退休后再任职取得的收入

D. 企业为股东购买车辆并将车辆所有权办到股东个人名下

20. 下列各项中，适用5%～35%的五级超额累进税率征收个人所得税的有（　　）。

A. 个体工商户的生产经营所得

B. 合伙企业的生产经营所得

C. 个人独资企业的生产经营所得

D. 对企事业单位的承包经营、承租经营所得

21. 以下在计算个人所得税工资薪金所得时需要减除附加减除费用的有（　　）。

A. 华侨来自境内的工资薪金所得

B. 在中国境内有住所而在中国境外任职的工程师来自境外的工资薪金所得

C. 中国公费留学生留学期间来自境内的工资薪金所得

D. 中国自费留学生留学期间来自境内的工资薪金所得

22. 暂时性差异是指资产或负债的计税基础与其列示在财务报表上的账面金额之间的差异。按照暂时性差异对未来期间应税金额的影响，分为（　　）两种差异。

A. 应纳税暂时性差异　　　B. 可抵扣暂时性差异

C. 永久性差异　　　D. 时间性差异

23. 在采用资产负债表债务法时，要求企业的资产及负债应根据会计准则与税法的不同要求分别进行计价，因而形成（　　）两种计价基础。

A. 含税计税基础　　　B. 会计计价基础

C. 税法计价基础　　　D. 不含税计税基础

24. 以下免缴个人所得税的有（　　）。

A. 企事业单位按照国家或省（自治区、直辖市）人民政府规定的缴费比例或办法实际缴付的基本养老保险费

B. 企事业单位按照国家或省（自治区、直辖市）人民政府规定的缴费比例或办法实际缴付的基本医疗保险费

C. 企事业单位按照国家或省（自治区、直辖市）人民政府规定的缴费比例或办法实际缴付的失业保险费

D. 企事业单位和个人超过规定的比例和标准缴付的基本养老保险费、基本医疗保险费和失业保险费

25. 企业支付给个人的劳务报酬、特许权使用费、稿费、财产租赁费，一般由支付单位作为扣缴义务人对纳税人扣缴税款，并记入该企业的有关期间费用账户。企业在支付上述费用时，借记的科目有（　　）。

A. “管理费用”　　　B. “财务费用”

C. “销售费用”　　　D. “应付利润”

四、计算题

1. 某市区汽车轮胎制造厂（增值税一般纳税人），全年实现轮胎不含税销售额 9 000 万元，取得送货的运输费收入 46.8 万元；购进各种料件，取得增值税专用发票，注明购货金额 2 400 万元、进项税额 408 万元；支付购货的运输费 50 万元，保险费和装卸费 30 万元，取得运输公司及其他单位开具的普通发票。

7月1日将房产原值200万元的仓库出租给某商场存放货物，出租期限2年，共计租金48万元。签订合同时预收半年租金12万元，其余在租用期的当月收取。消费税税率3%。

要求： 计算所得税前可以扣除的税金及附加。

2. 企业某年全年实现收入总额8 000万元，含国债利息收入7万元、金融债券利息收入20万元、从被投资公司分回税后利润38万元。经聘请的会计师事务所审计，发现有关税收问题如下：

（1）12月份，以自产公允价值47万元的货物清偿应付账款50万元，公允价值与债务的差额债权人不再追要。清偿债务时企业直接以50万元分别冲减了应付账款和存货成本。

（2）12月份转让一项无形资产的所有权，取得收入60万元未作收入处理，该项无形资产的账面成本35万元也未转销。

（3）12月份通过当地政府机关向贫困山区捐赠家电产品一批，成本价20万元，市场销售价格23万元。企业核算时按成本价格直接冲减了库存商品。

（4）企业全年发生的业务招待费45万元。

要求： 计算业务招待费应调整的应纳税所得额。

3. 某年度甲企业会计报表上的利润总额为100万元，已累计预缴企业所得税25万元。甲企业当年其他有关情况如下：

（1）发生的公益性捐赠支出18万元；

（2）开发新技术的研究开发费用20万元（未形成资产）；

（3）直接向某足球队捐款35万元；

（4）支付诉讼费2.3万元；

（5）支付违反交通法规罚款0.8万元。

要求：

（1）计算甲企业公益性捐赠支出所得税前纳税调整额；

（2）计算甲企业研究开发费用所得税前扣除数额；

（3）计算甲企业当年应纳税所得额；

（4）计算甲企业当年应纳所得税额；

（5）计算甲企业当年应汇算清缴的所得税额。

（答案中的金额单位用万元表示。）

4. 某生产混凝土搅拌机的生产企业在2012年汇算清缴年度企业所得税时，对有关收支项目进行纳税调整后，将全年会计利润500万元按税法规定调整为全年应纳税所得额600万元。税务部门在税务检查时，发现该企业以下几项业务尚未进行调整：

（1）4月，该企业购入机器设备一台，购置总成本80万元，使用期为10

年，支出全部计入当期费用（残值比例按5%）。

（2）6月，该企业为解决职工子女上学问题，直接向某小学捐款50万元，在营业外支出中列支。在计算应纳税所得额时未作纳税调整。

（3）7月，该企业将在建工程应负担的贷款利息10万元计入当年财务费用。在计算应纳税所得额时未作纳税调整。

（4）12月，该企业购进环境保护专用设备一台，购置价格300万元。该设备符合设备抵免的相关规定。

要求：根据上述资料以及所得税法律制度的有关规定，回答下列问题：

（1）计算该企业当年设备折旧税前扣除额；

（2）计算该企业当年公益性捐赠税前扣除额；

（3）计算该企业当年在建工程贷款利息税前扣除额；

（4）计算该企业当年应纳税所得额；

（5）计算该企业当年应缴纳企业所得税额。

5. 假定某企业为居民企业，上年经营业务如下：

（1）取得销售收入2 500万元。

（2）销售成本1 100万元。

（3）发生销售费用670万元（其中广告费450万元）；管理费用480万元（其中业务招待费15万元）；财务费用60万元。

（4）销售税金160万元（含增值税120万元）。

（5）营业外收入70万元，营业外支出50万元（含通过公益性社会团体向贫困山区捐款30万元，支付税收滞纳金6万元）。

（6）计入成本、费用中的实发工资总额150万元、拨缴职工工会经费3万元、支出职工福利费和职工教育经费29万元。

要求：计算该企业上年度实际应纳的企业所得税。

6. 某市卷烟厂为增值税一般纳税人，职工人数年均70人，资产总额2 500万元。该年度有关生产经营情况为：

（1）年初库存外购已税烟丝10吨，每吨单价0.8万元，共计金额8万元；当年内购进已税烟丝50吨，每吨不含税单价0.8万元，取得销售方开具的增值税专用发票，以银行存款支付购货金额40万元、增值税额6.8万元，烟丝全部验收入库；采购烟丝过程中以银行存款支付运输费用2万元，取得运输单位开具的普通发票。

（2）当年生产领用烟丝45万元；销售卷烟120标准箱给某大型商场，向购买方开具了增值税专用发票，取得销售金额300万元，增值税额51万元；经批准销售卷烟8标准箱给使用单位和消费者个人，开具普通发票，取得销售收入23.4万元。

(3) 发生管理费用 20 万元(管理费用中含业务招待费 4 万元)。

(4) 销售费用 10 万元(含广告费 8 万元)。

(5) 计入成本、费用的实发工资费用 150 万元和计提的三项经费 37.5 万元。三项经费具体情况如下:计提工会经费 3 万元,已取得专用收据;计提福利费 30 万元,实际发生 28 万元;计提教育经费 4.5 万元,实际发生 3 万元。

(6) 营业外支出 20 万元,其中被工商部门行政罚款 6 万元,向本厂困难职工直接捐赠 4 万元,通过民政部门向贫困地区捐赠 10 万元。

(7)"投资收益"账户表明有来源于全资子公司投资收益 27 万元(子公司适用企业所得税税率为 25%)。

(8) 上年经税务机关审核的经营损失为 7.3 万元。

(注:烟丝消费税税率 30%,卷烟消费税税率 56%、每标准箱定额征收消费税 150 元。)

要求:按下列顺序回答问题,每步均为共计金额:

(1) 计算该年度应缴纳的增值税;

(2) 计算该年度应缴纳的消费税;

(3) 计算该年度应缴纳的城建税和教育费附加;

(4) 计算该企业当年收入总额;

(5) 计算业务招待费和广告费应调整的应纳税所得额;

(6) 计算工资费用以及职工工会经费、职工福利费和职工教育经费应调整的应纳税所得额;

(7) 计算所得税前准予扣除的公益性捐赠;

(8) 计算该企业境内生产经营所得应纳税所得额;

(9) 计算该企业汇算清缴应缴纳的企业所得税额。

7. 企业于 2011 年 12 月 20 日取得的某项环保用固定资产,原价为 300 万元,使用年限为 10 年,会计上采用直线法计提折旧,净残值为零。假定税法规定类似环保用固定资产采用加速折旧法计提的折旧可予税前扣除,该企业在计税时采用双倍余额递减法计列折旧,净残值为零。2012 年 12 月 31 日,企业估计该项固定资产的可收回金额为 220 万元。

要求:计算:

(1) 该项固定资产的账面价值;

(2) 该项固定资产的计税基础。

8. 某内资企业当年 12 月计入成本费用的职工工资总额为 1 600 万元,至当年 12 月 31 日尚未支付,作为资产负债表中的应付职工薪酬进行核算。假定当期计入成本费用的 1 600 万元工资支出中,按照计税工资标准的规定,可予税前扣除的金额为 1 200 万元。

要求：计算该项应付职工薪酬的计税基础。

9. 公民马某当年 12 月取得工资 3 700 元，并于 12 月 31 日取得全年奖金 24 000元。

要求：计算马某当月应纳个人所得税额。

10. 歌星孙某一次取得表演收入 40 000 元，扣除 20%的费用后，应纳税所得额为 32 000 元。

要求：计算孙某应纳个人所得税额。

11. 高级工程师赵某为泰华公司进行一项工程设计，按照合同规定，公司应支付赵某的劳务报酬为 48 000 元，与其报酬相关的个人所得税由公司代缴（不考虑其他税收的情况）。

要求：计算公司应代付的个人所得税税额。

12. 中国公民李某系一公司高级职员，当年 1—12 月收入情况如下：

（1）每月取得工资收入 4 000 元，另在 3 月底、6 月底、9 月底、12 月底分别取得季度奖金 3 000 元；

（2）取得翻译收入 20 000 元，从中先后拿出 6 000 元、5 000 元，通过国家机关分别捐给了农村义务教育和贫困地区；

（3）小说在报刊上连载 50 次后再出版，分别取得报社支付的稿酬 50 000 元、出版社支付的稿酬 80 000 元；

（4）在 A，B 两国讲学分别取得收入 18 000 元和 35 000 元，已分别按收入来源国税法缴纳了个人所得税 2 000 元和 6 000 元。

要求：按下列顺序回答问题，每问均为共计金额：

（1）计算全年工资和奖金应缴纳的个人所得税；

（2）计算翻译收入应缴纳的个人所得税；

（3）计算稿酬收入应缴纳的个人所得税；

（4）计算在 A 国讲学收入在我国应缴纳的个人所得税；

（5）计算在 B 国讲学收入在我国应缴纳的个人所得税。

五、业务题

1. 甲企业于第一年 12 月 31 日购入某机器设备，会计上采用直线法计提折旧，税法规定允许采用加速折旧法，其取得成本为 100 万元，使用年限为 10 年，净残值为零，计税时按双倍余额递减法计列折旧。不考虑中期报告的影响。该企业适用的所得税税率为 25%。

要求：确认第二年递延所得税负债并做会计处理。

2. A 公司在开始正常生产经营活动之前发生了 500 万元的筹建费用，该费用在发生时已计入当期损益，按照税法规定，企业在筹建期间发生的费用，允许在开始正常生产经营活动之后 5 年内分期计入应纳税所得额。假定该企业在开始生产经营当期，除筹建费用的会计处理与税务处理存在差异外，不存在其他会计和税收之间的差异（所得税税率为25%）。

要求：确认递延所得税资产并做会计处理。

3. A公司2012年度利润表中利润总额为1 200万元，该公司适用的所得税税率为25%。

2012年发生的有关交易和事项中，会计处理与税收处理存在的差别有：

(1) 2012年1月2日开始计提折旧的一项固定资产，成本为600万元，使用年限为10年，净残值为零，会计按双倍余额递减法计提折旧，税收按直线法计提折旧。假定税法规定的使用年限及净残值与会计规定相同。

(2) 向关联企业提供现金捐赠200万元。

(3) 当年发生研究开发支出500万元，较上年度增长20%。其中300万元资本化计入无形资产成本。税法规定，按该企业的情况，可按实际发生研究开发支出的150%加计扣除。其中，符合资本化条件后发生的支出为300万元，假定所开发无形资产于期末达到预定可使用状态。

(4) 应付违反环保法规定罚款100万元。

(5) 期末对持有的存货计提了30万元的存货跌价准备。

要求：根据以上业务进行会计处理。

六、案例题

案例1

某制药企业为居民企业，增值税一般纳税人。某年度相关生产经营业务如下：

(1) 企业坐落在某县城，全年实际占地50 000平方米，其中，厂房占地40 000平方米，办公楼占地4 500平方米，医务室占地900平方米，幼儿园占地1 600平方米，厂区内道路及绿化占地3 000平方米。

(2) 企业拥有货车20辆（装备质量30吨），客货两用车5辆（乘4人），通勤用的大型客车5辆（每辆乘50人），5座小轿车8辆。

(3) 当年销售药品共计12 000万元（不含税价格）；购进已税原料，取得增值税专用发票，注明购货金额3 000万元、进项税额510万元，原料全部验收入库；支付购货的运输费用300万元，装卸费和保险费60万元，取得运输公司及其他单位开具的普通发票；收购农民种植的中草药原药，在经主管税务机关批准使用的收购凭证上注明买价，累计4 000万元；另外，医务室当年直接领用了本厂生产的200万元（按同类不含税价格计算）药品，与之对应的成本核算在销售产品成本中。

(4) 全年应扣除的销售产品成本7 300万元，发生销售费用3 100万元，发生财务费用300万元，发生管理费用900万元（未包括应计入管理费用的税金)。

(5) 3月份,企业接受其关联企业赠与的机器设备一台并于当月投入使用,发票所列金额为550万元,企业自己负担运输费、保险费和安装调试费50万元;全年计入成本、费用的固定资产折旧为55万元,企业采用直线折旧法,期限为10年,残值率为5%。

(6) 所发生的财务费用中包括支付银行贷款的利息180万元和向其他企业支付借款1 500万元的本年利息120万元(同期银行贷款年利率为6%)。

(7) 所发生的销售费用中含有实际支出的广告宣传费3 070万元。

(8) 所发生的管理费用中包含业务招待费124万元。

(注:城镇土地使用税每平方米税额3元,载货汽车年纳税额每吨30元,乘人汽车9座以下的年纳税额420元,9座以上的年纳税额540元。)

根据上述资料,该企业进行了相关的纳税调整并计算当年应缴纳的企业所得税。

1. 允许扣除项目金额:

(1) 应缴纳的城镇土地使用税=(50 000−900−1 600)×3÷10 000
=14.25(万元)

(2) 应缴纳的车船税=(20×30×30+5×2×30+5×540+8×420)÷10 000
=2.44(万元)

(3) 销项税额=12 000×17%+200×17%=2 074(万元)

可以抵扣的进项税额=510+300×7%+4 000×13%=1 051 (万元)

应缴纳的增值税=2 074−1 051=1 023 (万元)

(4) 应缴纳的城建税和教育费附加=1 023×(5%+3%)
=81.84(万元)

(5) 允许扣除的机器设备的折旧费用=(550+50)×(1−5%)÷10÷12×9
=42.75(万元)

(6) 允许扣除的财务费用=180+120=300(万元)

(7) 允许扣除的广告费用和业务宣传费=3 070(万元)

(8) 允许扣除的业务招待费用=124(万元)

2. 收入总额:

确认应纳税所得额时的企业收入总额=12 000+200=12 200(万元)

3. 应纳税所得额:

应纳税所得额=12 200−14.25−2.44−1 023−81.84−42.75−300−3 070−124
=7 541.72(万元)

4. 应纳企业所得税额：

应纳企业所得税=7 541.72×25%=1 885.43(万元)

分析要求：请问该企业该年度纳税申报是否正确？如不正确请指出错误之处，并计算出正确的应纳企业所得税额和实际上缴的所得税额。

案例 2

河南省南阳市百货商厦是一个大型综合性商业零售企业。第一年年度利润表显示实现利润总额 723 800 元，申报并缴纳企业所得税 238 854 元，未作任何纳税调整。第二年 5 月 20 日，税务检查人员对该商厦第一年度企业所得税汇算清缴情况进行检查时发现，该商厦当年初因经营资金不足，曾从市商业银行取得短期借款 310 万元，预提借款利息 20 万元。由于企业决策失误，贷款到期无力偿还本息，多次催收无效后该银行向法院起诉。

经法院调解，双方签订抵债协议：以该商厦利用原行政划拨土地自建的酒楼评估作价抵偿债务。酒楼原值 220 万元，已提折旧 90 万元，酒楼所占土地账面价值 110 万元。房地产评估机构评估价分别为：酒楼 150 万元，土地 180 万元。假设转让房产、地产包括相关税费在内的扣除项目金额分别为 100 万元和 80 万元。企业记账凭证的分录为：

借：短期借款	3 100 000
预提费用	200 000
贷：固定资产	2 200 000
无形资产	1 100 000

分析要求：该企业的会计处理和税务处理是否正确？如不正确，请说明理由，并正确计算相关税费及账务处理。

资料来源：摘自《中国税务报》，2005-09-19，作者：薛东成。

案例 3

某个人独资企业，某年度有关经营情况如下：

(1) 取得营业收入 200 万元；

(2) 发生营业成本 130 万元；

(3) 发生营业税费 5.28 万元；

(4) 发生管理费用 26 万元，其中支付业务招待费 10 万元；

(5) 12 月份购买小货车一辆支出 5 万元；

(6) 共有雇员 10 人，人均月工资 2 000 元，共开支工资 24 万元；

(7) 投资者个人每月领取工资 4 000 元，共开支工资 4.8 万元；

(8) 按照实际支付的工资，共提取三项经费5.04万元（工资与经费未计入成本费用）；

(9) 当年向某单位借入流动资金10万元，支付利息费用1万元，同期银行贷款利息率为4.8%；

(10) 9月份在运输途中发生车祸车辆损坏，损失达4.5万元，11月取得保险公司的赔款2.5万元；

(11) 对外投资，分得股息3万元。

该个人独资企业自行计算当年应缴纳个人所得税如下：

应纳税所得额=200−130−5.28−26−5−24−4.8−5.04−1−4.5+3
=−2.62(万元)

当年不用缴纳个人所得税。

分析要求：

(1) 根据上述资料，分析该个人独资企业自行计算应纳的个人所得税是否正确?

(2) 核定并计算该投资者当年应缴纳的个人所得税。

(3) 指出该个人行为属于何种性质，应如何处理?

参考答案

一、名词解释

1. 企业所得税，是对我国境内的企业和其他取得收入的组织的生产经营所得和其他所得征收的一种直接税。

2. 居民企业，是指依法在中国境内成立或者依照外国（地区）法律成立但实际管理机构在中国境内的企业。

3. 非居民企业，是指依照外国（地区）法律成立且实际管理机构不在中国境内，但在中国境内设立机构、场所的，或者在中国境内未设立机构、场所，但有来源于中国境内所得的企业。

4. 计税基础，是企业在资产负债表日，根据税法规定，为计算应交所得税所确认的资产（负债）的价值。

5. 应纳税暂时性差异，是指在确定未来收回资产或清偿负债期间的应纳税所得额时，将导致产生应税金额的暂时性差异。

6. 可抵扣暂时性差异，是指在确定未来收回资产或清偿负债期间的应纳税所得额时，将导致产生可抵扣应税金额的暂时性差异。

7. 资产负债表债务法，是以估计转销年度的所得税税率为依据，计算递延税款的一种所得税会计处理方法。

8. 个人所得税，是对个人（自然人）取得的应税所得征收的一种税。

二、单项选择题

1. C	2. A	3. D	4. A	5. C
6. C	7. B	8. D	9. C	10. A
11. C	12. A	13. C	14. D	15. C
16. A	17. A	18. B	19. A	20. B

三、多项选择题

1. ACD	2. ABC	3. ABCDE	4. ABC	5. BD
6. ABD	7. BCD	8. ACD	9. AC	10. ABD
11. AD	12. BCD	13. ACD	14. ABCDEF	15. AB
16. ABCD	17. ACD	18. AB	19. AC	20. ABCD
21. AB	22. AB	23. BC	24. ABC	25. ABCD

四、计算题

1. (1) 应缴纳的增值税为：

[9 000＋46.8÷(1＋17%)]×17%－(408＋50×7%)＝1 125.3(万元)

(2) 应缴纳的消费税为：

[9 000＋46.8÷(1＋17%)]×3%＝271.20(万元)

(3) 应缴纳的营业税为：

12×5%＝0.6(万元)

(4) 应缴纳的城建税、教育费附加为：

城建税＝(1 125.3＋271.2＋0.6)×7%＝97.8(万元)

教育费附加＝(1 125.3＋271.2＋0.6)×3%＝41.91(万元)

(5) 所得税前可以扣除的税金合计＝271.2＋0.6＋97.8＋41.91

＝411.51(万元)

2. 企业当年的销售收入＝8 000－7－20－38＋47＋23＝8 005(万元)

允许扣除的业务招待费＝8 005×5‰＝40.025(万元)

45×60%＝27＜40.025，故准予扣除 27 万元。

调增应纳税所得额＝45－27＝18(万元)

3. (1) 根据现行规定，企业发生的公益性捐赠支出，在年度利润总额 12% 以内的部分，准予在计算应纳税所得额时扣除。

公益性捐赠支出所得税前扣除限额＝100×12%＝12(万元)

实际发生的公益性捐赠支出18万元，超过限额6万元，应调增应纳税所得额6万元。

（2）研究开发费用所得税前扣除数额＝20＋20×50％＝30(万元)

应调减应纳税所得额10万元。

（3）向某足球队捐款不得扣除，应调增应纳税所得额35万元；支付违反交通法规罚款不得扣除，应调增应纳税所得额0.8万元。

该企业2010年度应纳税所得额＝100＋6－10＋35＋0.8＝131.8(万元)

（4）该企业2010年度应纳所得税额＝131.8×25％＝32.95(万元)

（5）该企业2010年度应汇算清缴的所得税额＝32.95－25(已预缴)
＝7.95(万元)

4.（1）纳税人新购置的固定资产，应当从投入使用月份的次月起计提折旧。

该企业上年设备折旧税前扣除额＝80×(1－5％)÷10÷12×8
＝5.07(万元)

（2）直接向某小学捐款50万元，不属于公益性捐赠支出，在计算应纳税所得额时不得扣除。

（3）在建工程应负担的贷款利息10万元，在计算应纳税所得额时不得扣除。

（4）该企业上年应纳税所得额＝600＋(80－5.07)＋50＋10＝734.93(万元)

（5）环境保护专用设备的投资额的10％可以从企业当年应纳税额中抵免，抵免额为30万元（300×10％）。

该企业上年度应缴纳企业所得税额＝734.93×25％－30＝153.73(万元)

5.（1）会计利润总额＝2 500＋70－1 100－670－480－60－40－50
＝170(万元)

（2）广告费和业务宣传费调增所得额＝450－2 500×15％＝450－375
＝75(万元)

（3）业务招待费调增所得额＝15－15×60％＝15－9＝6(万元)

（4）捐赠支出应调增所得额＝30－170×12％＝9.6(万元)

（5）“三费”应调增所得额＝3＋29－150×18.5％＝4.25(万元)

（6）应纳税所得额＝170＋75＋6＋9.6＋6＋4.25＝270.85(万元)

（7）上年应缴企业所得税＝270.85×25％＝67.71(万元)

6.（1）销项税额＝51＋23.4÷(1＋17％)×17％＝54.4(万元)

进项税额＝6.8＋2×7%＝6.94(万元)

应纳增值税额＝54.4－6.94＝47.46(万元)

(2) 应纳消费税额＝300×56%＋23.4÷(1＋17%)×56%＋128×0.015－45×30%

＝167.62(万元)

(3) 应纳城建税＝(47.46＋167.62)×7%＝15.06(万元)

应纳教育费附加＝(47.46＋167.62)×3%＝6.45(万元)

应缴纳的城建税和教育费附加＝15.06＋6.45＝21.51(万元)

(4) 企业该年度收入总额＝300＋20＋27＝347(万元)

(5) 业务招待费扣除限额＝320×5‰＝1.6(万元)

实际发生额的60%＝4×60%＝2.4(万元)

准予扣除1.6万元，应调增2.4万元（4－1.6)。

广告费限额＝320×15%＝48(万元)

实际发生8万元，可以据实扣除。

由计算可知，合计应调增应纳税所得额2.4万元。

(6) 工资可以据实扣除；工会经费的扣除限额为3万元（150×2%)，实际发生3万元，可以据实扣除，不用纳税调整。

福利费扣除限额为21万元（150×14%)，实际发生28万元，准予扣除21万元，应调增应纳税所得额9万元（30－21)。

教育经费扣除限额为3.75万元（150×2.5%)，实际发生3万元，准予扣除3万元，应调增应纳税所得额1.5万元（4.5－3)。

应调增应纳税所得额合计＝9＋1.5＝10.5(万元)

(7) 会计利润总额＝347－167.62－21.51－10－20－20＝107.87(万元)

捐赠扣除限额＝107.87×12%＝12.94(万元)

实际发生10万元，可全额扣除。

(8) 该企业应纳税所得额＝107.87－27＋2.4＋10.5＋6＋4－7.30

＝96.47(万元)

(9) 应缴纳企业所得税额＝96.47×20%＝19.29(万元)

7. 2010年12月31日。

该项固定资产的账面价值＝300－30×2－20

＝220(万元)

该项固定资产的计税基础＝300－300×20%－240×20%＝192(万元)

8. 企业会计准则规定，企业为获得职工提供的服务所给予的各种形式的报酬以及其他相关支出，均应作为企业的成本费用，在未支付之前确认为负债。该项应付职工薪酬负债的账面价值为 1 600 万元。

税法规定，企业支付给职工的工资薪金准予税前扣除。企业实际发生的工资支出 1 600 万元与按照税法规定允许税前扣除的金额 1 200 万元之间所产生的 400 万元差额在当期发生即应进行纳税调整，并且在以后期间不能够再税前扣除，该项应付职工薪酬的计税基础＝账面价值 1 600 万元－未来期间计算应纳税所得额时按照税法规定可予抵扣的金额 0＝1 600 万元。

9. 马某应缴纳个人所得税＝(3 700－3 500)×3%＋(24 000×10%－105)
＝2 301(元)

10. 应纳税额＝每次收入额×(1－20%)×适用税率－速算扣除数
＝40 000×(1－20%)×30%－2 000＝7 600(元)

11. (1) 代付个人所得税的应纳税所得额＝[(48 000－2 000)×(1－20%)]÷76%
＝48 421.05(元)

(2) 应代付个人所得税＝48 421.05×30%－2 000＝12 526.32(元)

12. (1) 全年工资和奖金缴纳的个人所得税＝(4 000－3 500)×3%×8
＋[(4 000＋3 000－3 500)×20%－555]×4
＝120＋145＝265(元)

(2) 向农村义务教育的捐赠可以全额扣除；向贫困地区的捐赠按限额扣除。

扣除限额＝20 000×(1－20%)×30%＝4 800(元)

实际捐赠额 5 000 元，可以扣除 4 800 元。

翻译收入缴纳的个人所得税＝[20 000×(1－20%)－6 000－4 800]×20%
＝1 040(元)

(3) 稿酬收入缴纳的个人所得税＝50 000×(1－20%)×20%×(1－30%)
＋80 000×(1－20%)×20%×(1－30%)
＝14 560(元)

同一作品先在报刊上连载，然后再出版，连载作为一次，出版作为另一次。

(4) A 国讲学收入在我国应缴纳的个人所得税＝18 000×(1－20%)×20%＝2 880(元)

在 A 国已经缴纳 2 000 元，则

在我国应补税＝2 880－2 000＝880(元)

(5) B国讲学收入在我国应缴纳的个人所得税 $=35\,000\times(1-20\%)\times30\%-2\,000=6\,400$ (元)

在B国已经缴纳6 000元，则

在我国应补税 $=6\,400-6\,000=400$(元)

五、业务题

1. 第二年12月31日。

资产的账面价值 $=100-10=90$(万元)

资产的计税基础 $=100-20=80$(万元)

应纳税暂时性差异 $=90-80=10$(万元)

递延所得税负债 $=10\times25\%=2.5$(万元)

借：所得税费用 25 000

　贷：递延所得税负债 25 000

2. 对于筹建期间的费用在资产负债表中列示的账面价值0与其计税基础400万元之间产生的400万元可抵扣暂时性差异，企业应确认相关的递延所得税资产。

借：递延所得税资产（4 000 000×25%） 1 000 000

　贷：所得税费用 1 000 000

3. (1) 计算2010年度当期应纳所得税。

$$应纳税所得额=12\,000\,000+600\,000+2\,000\,000-[5\,000\,000\times150\% -(5\,000\,000-3\,000\,000)]+1\,000\,000+300\,000 =10\,400\,000(元)$$

应纳所得税额 $=10\,400\,000\times25\%=2\,600\,000$(元)

(2) 计算2010年度递延所得税。该公司2010年资产负债表相关项目金额及其计税基础如下表所示。

单位：元

项目	账面价值	计税基础	差异	
			应纳税暂时性差异	可抵扣暂时性差异
存货	8 000 000	8 300 000		300 000
固定资产：				
固定资产原价	6 000 000	6 000 000		
减：累计折旧	12 000 000	600 000		
减：固定资产减值准备	0	0		
固定资产账面价值	4 800 000	5 400 000		600 000
无形资产	3 000 000	0	3 000 000	
其他应付款	1 000 000	1 000 000		
总计			3 000 000	900 000

递延所得税费用＝3 000 000×25％－900 000×25％＝525 000(元)

(3) 利润表中应确认的所得税费用为：

所得税费用＝2 600 000＋525 000＝3 125 000(元)

借：所得税费用　　3 125 000
　　递延所得税资产　　225 000
　贷：应交税费——应交所得税　　2 600 000
　　　递延所得税负债　　750 000

六、案例题

案例 1

分析：

(1) 应缴纳的城镇土地使用税＝(50 000－900－1 600)×3÷10 000
＝14.25(万元)

(2) 应缴纳的车船税＝(20×30×30＋5×2×30＋5×540＋8×420)÷10 000
＝2.44(万元)

(3) 销项税额＝12 000×17％＋200×17％＝2 074(万元)

可以抵扣的进项税额＝510＋300×7％＋4 000×13％＝1 051(万元)

应纳增值税额＝2 074－1 051＝1 023(万元)

(4) 应纳城建税和教育费附加＝1 023×(5％＋3％)＝81.84(万元)

(5) 机器设备折旧费的调整额计算有误。企业全年计入成本、费用的固定资产折旧为55万元，应该按税法要求，先计算允许扣除的机器设备的折旧费，再计算调整额。即

超过扣除标准的机器设备的折旧费用＝55－(550＋50)×(1－5％)÷10÷12×9
＝12.25(万元)

(6) 税前允许扣除的财务费用计算有误。税法规定，非金融企业向非金融企业借款的利息支出，不超过按照金融企业同期同类贷款利率计算的数额的部分可据实扣除，超过部分不允许扣除。财务费用的调整额如下：

超过扣除标准的财务费用＝120－1 500×6％＝30(万元)

(7) 税前允许扣除的广告费和业务宣传费计算有误。税法规定，企业发生的符合条件的广告费和业务宣传费支出，除国务院财政、税务主管部门另有规定外，不超过当年销售（营业）收入15％的部分，准予扣除；超过部分准予结转以后纳税年度扣除。广告费和业务宣传费的调整额如下：

超过扣除标准的广告费用和业务宣传费$=3\ 070-(12\ 000+200)\times15\%=1\ 240$(万元)

(8) 税前允许扣除的业务招待费计算有误。税法规定，企业发生的与生产经营活动有关的业务招待费支出，按照发生额的60%扣除，但最高不得超过当年销售（营业）收入的5‰；超过部分，准予结转以后纳税年度扣除。业务招待费的调整额如下：

业务招待费用扣除限额$=(12\ 000+200)\times5‰=61$(万元)

实际发生额的60%$=124\times60\%=74.4$(万元)

准予扣除61万元。

超过扣除标准的业务招待费用$=124-61=63$(万元)

(9) 企业收入总额计算有误。税法规定，企业的收入总额包括销售货物收入、提供劳务收入、转让财产收入、股息、红利等权益性投资收益，以及利息收入、租金收入、特许权使用费收入、接受捐赠收入、其他收入。因此应包括接受捐赠的收入。

确认应纳税所得额时的企业收入总额$=12\ 000+200+550=12\ 750$(万元)

(10) 应纳税所得额$=12\ 750-7\ 300-3\ 100-300-900-14.25-2.44-81.84+12.25+30+1\ 240+63=2\ 396.72$(万元)

应纳企业所得税$=2\ 396.72\times25\%=599.18$(万元)

案例2

分析：

(1) 存在问题分析。债务人以房地产和土地使用权抵偿债务，属于债务重组。虽然企业会计准则规定，债务人以非现金资产清偿债务的，债务人应将债务重组的账面价值与转让的非现金资产账面价值和相关税费之和的差额确认为资本公积或当期损失。但国家税务总局颁发的《企业债务重组业务所得税处理办法》规定，债务人以非现金资产清偿债务的，除企业改组或者清算另有规定外，应当分解为按公允价值转让非现金资产，再以与非现金资产公允价值相当的金额偿还债务两项经济业务进行所得税处理。据此。债务人以非现金资产抵偿债务形成的计税收入分成两部分：一部分是资产转让所得，一部分是债务重组收益。

本案例中企业以公允价值转让房地产获得收入330万元，直接用于偿还借款本息，而其会计处理没有真实地反映该项经济业务的全貌，仅将转让的固定资产原值和无形资产账面成本与应偿还的借款本息对冲了事，没有计提相关的税费，既未执行会计制度的规定，也不符合税法的要求。

（2）相关税费的计算（印花税计算从略）。

应纳营业税＝(1 500 000＋1 800 000)×5%＝165 000(元)

应纳城建税＝165 000×7%＝11 550(元)

应纳教育费附加＝165 000×3%＝4 950(元)

应纳土地增值税＝土地增值额×适用税率－扣除项目金额×速算扣除系数

＝500 000×30%＋1 000 000×50%－800 000×15%

＝530 000(元)

税费合计＝165 000＋11 550＋4 950＋530 000＝711 500(元)

资产转让所得＝(1 500 000＋1 800 000)－[(2 200 000－900 000)＋1 100 000]

＝900 000(元)

债务重组所得＝(3 100 000＋200 000)－(1 500 000＋1 800 000＋711 500)

＝－711 500(元)

应补缴所得税＝188 500×25%＝47 125(元)

（3）账务调整。

1）在红字冲销原错误分录后，按债务重组业务编制如下分录：

借：固定资产清理	1 300 000	
累计折旧	900 000	
贷：固定资产		2 200 000
借：短期投资	3 100 000	
预提费用	200 000	
贷：固定资产清理		1 300 000
无形资产		1 100 000
应交税费——应交营业税		165 000
——应交城建税		11 550
——应交土地增值税		530 000
——应交教育费附加		4 950
资本公积——其他资本公积		188 500

2）结转应补缴的所得税：

借：所得税费用	47 125	

贷：应交税费——应交所得税 47 125

3）补缴税款时：

借：应交税费——应交营业税 165 000

——应交城建税 11 550

——应交土地增值税 530 000

——教育费附加 4 950

贷：银行存款 711 500

案例 3

分析：

（1）该投资者自行计算应纳的个人所得税不正确。主要错误如下：

1）按规定，业务招待费只能按营业收入的5‰计算扣除，超过部分不得扣除。

业务招待费用扣除限额＝200×5‰＝1(万元)

2）购买小货车的费用5万元应作固定资产处理，不能直接扣除。

3）投资者个人的工资费用2.4万元不能扣除，但可以扣除生计费。

0.16×2＋0.2×10＝2.32(万元)

4）三项经费可扣除额＝24×17.5％＝4.2(万元)

5）非金融机构的借款利息费用按同期银行的贷款利率计算扣除，超过部分不得扣除。

利息费用扣除限额＝10×4.8％＝0.48(万元)

6）小货车损失有赔偿的部分不能扣除。

小货车损失应扣除额＝4.5－2.5＝2(万元)

7）对外投资分回的股息3万元，应按股息项目单独计算缴纳个人所得税，不能并入营运的应纳税所得额一并计算纳税。

分回股息应纳个人所得税额＝3×20％＝0.6(万元)

8）应纳税所得额＝200－130－5.28－(26－10＋1)－24－2.32－4.2－0.48－2

＝14.72(万元)

（2）2010年经营所得应纳个人所得税额＝14.72×35％－0.675＝4.48(万元)

2010年应纳个人所得税额＝4.48＋0.6＝5.08(万元)

（3）该个人行为属于偷税，偷税数额为5.08万元。

第 10 章

Chapter 10 其他税会计

学习目标

本章重点阐述了土地增值税、房产税、城市维护建设税（简称“城建税”）、印花税、契税等其他税种的确认、计量、记录与申报等问题。通过本章的学习，应当掌握其他税种应纳税额的计算、会计处理与纳税申报；理解其他税种会计处理的特点；了解财产税、行为税的特点。

学习指导

1. 学习重点：(1) 土地增值税的征税范围、应纳税额的计算和会计处理；(2) 印花税应纳税额的计算及其会计处理；(3) 城建税应纳税额的计算。

2. 学习难点：(1) 土地增值税的征税范围；(2) 印花税的计税依据。

练习题

一、名词解释

1. 土地增值税　　2. 耕地占用税　　3. 城镇土地使用税
4. 房产税　　5. 车船税　　6. 城市维护建设税
7. 印花税　　8. 契税　　9. 车辆购置税

二、单项选择题

1. 某企业位于县城，当年 1 月拖欠消费税 50 万元，经查出后补缴了拖欠的消费税，同时加罚滞纳金和罚款合计 10 万元，该企业应纳城建税（　　）万元。

A. 0.4　　B. 2.1　　C. 2.5　　D. 2.9

2. 市区甲企业委托某县城乙企业加工应税消费品，委托方提供材料成本 30 万元，乙企业共收取不含税加工费 12 万元，消费税税率 10%，受托方代扣代缴城建税（　　）万元。

A. 0.23　　B. 0.33　　C. 0.24　　D. 0.34

3. 位于城市市区的红利贸易公司本年被税务机关查出逃避缴纳消费税 14 万元，税务机关下达处罚决定书，处以逃税税金的 1.5 倍罚款，则城建税的补缴和罚款合计为（　　）万元。

A. 1.47　　B. 2.45　　C. 2.55　　D. 1.49

4. 企业计提城建税时，通过（　　）账户核算。

A. “管理费用”　　B. “其他应交款”

C. “营业税金及附加”　　D. “其他业务成本”

5. 下列应缴纳印花税的凭证是（　　）。

A. 房屋产权证、工商营业执照、卫生许可证、营运许可证

B. 土地使用证、专利证、特殊行业经营许可证、房屋产权证

C. 商标注册证、税务登记证、土地使用证、营运许可证

D. 房屋产权证、工商营业执照、商标注册证、专利证、土地使用证

6. A 公司从 B 汽车运输公司租入 5 辆载重汽车，双方签订的合同规定，5 辆载重汽车的总价值为 240 万元，租期 3 个月，月租金为 1.28 万元。企业应缴纳印花税（　　）元。

A. 7 200　　B. 12.8　　C. 40.2　　D. 38.4

7. 应纳印花税的凭证应当于（　　）贴花。

A. 年终时　　B. 履行完毕时

C. 书立或领受时　　D. 开始履行时

8. 某汽车修配厂与机械进出口公司签订购买价值 2 000 万元测试设备合同，为购买此设备与工商银行签订借款 2 000 万元的借款合同，后因故购销合同作废，改签融资租赁合同，租赁费 1 000 万元。根据上述情况，该厂一共应缴纳印花税（　　）元。

A. 1 500　　B. 6 500　　C. 7 000　　D. 7 500

9. 甲企业与乙企业签订一份技术开发合同，记载金额共计 500 万元，其中研究开发费用为 100 万元。该合同甲、乙企业各持一份，甲、乙企业分别应缴纳的印花税为（　　）元。

A. 1 200　　B. 2 400　　C. 3 000　　D. 3 600

10. 宏远公司从育华公司租入一栋办公楼，办公楼价值 3 200 万元，月租金 20 万元，租期 1 年，则宏远公司应纳印花税（　　）万元。

A. 0.72　　B. 0.24　　C. 0.12　　D. 0.32

11. 北京城建工程设计院为一单位设计办公楼，设计费为 18 万元。该业务双方应纳印花税合计（　　）元。

A. 54　　B. 90　　C. 180　　D. 108

12. 企业缴纳的印花税，一般是自行计算、购买、贴花、注销，不会形成税款债务，因此，在缴纳时直接贷记（　　）账户。

A. “应交税费”　　B. “银行存款”

C. “管理费用”　　D. “销售费用”

13. 企业在债务重组时，债务人应缴的印花税，其会计处理为（　　）。

A. 借记“管理费用”，贷记“银行存款”

B. 借记“销售费用”，贷记“银行存款”

C. 借记“营业税金及附加”，贷记“银行存款”

D. 借记“营业外支出”，贷记“银行存款”

14. 企业在债务重组时，债权人应缴的印花税，其会计处理为（　　）。

A. 借记“营业税金及附加”，贷记“银行存款”

B. 借记“营业外支出”，贷记“银行存款”

C. 借记“长期股权投资”，贷记“银行存款”

D. 借记“管理费用”，贷记“银行存款”

15. 甲乙双方交换房屋权属，甲的房屋价值 12.5 万元，乙的房屋价值 20.5 万元，已知契税的税率为 3%，下列的正确答案应是（　　）。

A. 甲是纳税人，应纳契税 0.615 万元

B. 甲是纳税人，应纳契税 0.24 万元

C. 乙是纳税人，应纳契税 0.375 万元

D. 乙是纳税人，应纳契税 0.99 万元

16. 根据我国《契税暂行条例》的规定，可以享受减免契税优惠待遇的是（　　）。

A. 城镇职工购买公有住房的

B. 房屋所有者之间互相交换房屋的

C. 取得荒山、荒沟、荒丘、荒滩土地使用权，用于工业园建设的

D. 国家机关承受土地，用于办公

17. 土地使用权、房屋的成交价格明显低于市场价格并且无正当理由的，或者所交换土地使用权、房屋的价格的差额明显不合理并且无正当理由的，由征收机关参照（　　）核定。

A. 市场价格　　B. 评估价格

C. 重置成本　　D. 转让受益

18. 因不可抗力丧失住房而重新购买住房的，（　　）契税。

A. 酌情减免　　B. 免征

C. 减征　　D. 暂免

19. 纳税人应当自纳税义务发生之日起（　　）日内，向土地、房屋所在地的契税征收机关办理纳税申报，并在契税征收机关核定的期限内缴纳税款。

A. 5　　B. 10　　C. 15　　D. 30

20. 职员李某和王某互换居住用房，当双方的房产价值相等时，契税（　　）。

A. 双方均要缴纳　　B. 由李某缴纳

C. 由王某缴纳　　D. 价值相等的，不缴纳

21. 天津某药业公司在 2010 年将其一处房产（价值 1 000 万元）与另一家公司的商品房（价值 800 万元）互换，双方按差价补付后，办理了过户手续。当地政府规定的契税税率是 3%，则该药业公司应缴纳契税（　　）万元。

A. 0　　B. 30　　C. 24　　D. 6

22. 土地增值税的税率形式是（　　）。

A. 全额累进税率　　B. 超额累进税率

C. 超倍累进税率　　D. 超率累进税率

23. 纳税人如果不能按转让房地产项目计算分摊利息支出，其房地产开发费用按地价款加开发成本之和的（　　）计算扣除。

A. 5%以内　　B. 10%　　C. 10%以内　　D. 20%以内

24. 某工厂转让一栋造价 600 万元的旧办公楼，转让收入为 700 万元，已提折旧 300 万元。经房地产评估机构评定，该楼的重置成本价为 1 000 万元，成新度折扣率为 6 成，则土地增值税为（　　）万元。

A. 30　　B. 140　　C. 120　　D. 50

25. 根据土地增值税暂行条例的规定，纳税人应在转让房地产合同签订后（　　）日内，到房地产所在地主管税务机关办理纳税申报。

A. 5　　B. 7　　C. 10　　D. 15

26. 某单位转让一幢 1998 年建造的公寓楼，当时的造价为 600 万元。经房地产评估机构评定，该楼的重置成本价为 1 800 万元，假定该房有 7 成新，在计算土地增值税时，其评估价格为（　　）万元。

A. 600　　B. 1 260　　C. 1 800　　D. 1 200

27. 个人转让房地产需缴纳土地增值税时，如果房屋坐落地与纳税人居住地不一致，则纳税地点为（　　）。

A. 纳税人居住地　　B. 纳税人户口所在地

C. 办理房地产过户手续所在地　　D. 房地产坐落地

28. 下列房地产转让行为中，需缴纳土地增值税的是（　　）。

A. 转让集体所有的土地使用权

B. 出租房产使用权

C. 企业间互换房产

D. 某国有企业与一外国企业合作建房后出售

29. 主营房地产业务的企业，在计算土地增值税时，其会计处理为（　　）。

A. 借记“营业税金及附加”，贷记“应交税费——应交土地增值税”

B. 借记“营业外支出”，贷记“应交税费——应交土地增值税”

C. 借记“递延税款——土地增值税”，贷记“应交税费——应交土地增值税”

D. 借记“其他业务成本”，贷记“应交税费——应交土地增值税”

30. 根据城镇土地使用税的有关规定，下列表述正确的是（　　）。

A. 城镇土地使用税由拥有土地所有权的单位或个人缴纳

B. 土地使用权未确定或权属纠纷未解决的暂不缴纳税款

C. 土地使用权共有的，由共有各方分别按其使用面积纳税

D. 对外商投资企业和外国企业暂按实际使用面积纳税

31. 城镇土地使用税以纳税人（　　）的土地面积为计税依据。

A. 自用　　B. 拥有

C. 实际占用　　D. 被税务机关认定

32. 下列土地，可以依法免缴土地使用税的是（　　）。

A. 公园中附设的照相馆使用的土地

B. 农副产品加工场地和生活、办公用地

C. 人民团体的办公楼用地

D. 个人拥有的营业用地

33. 某城市的一家公司，实际占地 23 000 平方米。由于经营规模扩大，年初该公司又受让了一宗尚未办理土地使用证的土地 3 000 平方米，公司按其当年开发使用的 2 000 平方米土地面积进行申报纳税，以上土地均适用每平方米 2 元的城镇土地使用税税率。该公司当年应缴纳城镇土地使用税（　　）元。

A. 46 000　　B. 48 000　　C. 50 000　　D. 52 000

34. 某公司与政府机关共同使用一栋共有土地使用权的建筑物。该建筑物占用土地面积 2 000 平方米，建筑物面积 10 000 平方米（公司与机关的占用比例为 4∶1），该公司所在市城镇土地使用税单位税额每平方米 5 元。该公司应纳城镇土地使用税（　　）元。

A. 0　　B. 2 000　　C. 8 000　　D. 10 000

35. 下列单位使用的土地，应缴纳城镇土地使用税的是（　　）。

A. 人民团体自用的土地　　B. 公园自用的土地

C. 外商投资企业占用的土地　　D. 企业内部绿化占用的土地

36. 我国房产税的征税范围不包括（　　）。

A. 城市　　B. 县城　　C. 农村　　D. 建制镇

37. 按照房产租金的收入计算房产税所适用税率为（　　）。

A. 12%　　B. 1.2%　　C. 10%　　D. 5%

38. 房产税的从价计征是按房产原值减除（　　）后的余值计算的。

A. 10%～20%　　B. 5%～20%　　C. 10%～30%　　D. 5%～30%

39. 下列说法正确的是（　　）。

A. 经费由国家拨付的事业单位的房产免房产税

B. 名胜古迹的房产免房产税

C. 公园的房产免房产税

D. 个人居住的房产免房产税

40. 张某在市区购买一处房产出租给柳某用于居住，取得租金 3 万元，该房产原值 40 万元，房产税的扣除比例为 10%，则张某缴纳的房产税是（　　）万元。

A. 0.432　　B. 0.12　　C. 0.36　　D. 0.11

41. 某企业 2011 年除拥有原值为 800 万元的生产性用房外，还建有一座房产原值为 250 万元的内部医院、一个房产原值为 150 万元的幼儿园。当地规定允许减除房产原值的 25%，该企业当年度应纳房产税额（　　）万元。

A. 7.2　　B. 9.45　　C. 108　　D. 960

42. 企业按规定缴纳的房产税，应在（　　）账户中据实列支。

A. "营业税金及附加"　　B. "其他业务成本"

C. "营业外支出"　　D. "管理费用"

43. 下列免征车船税的车船是（　　）。

A. 校车　　B. 公交车

C. 电动自行车　　D. 军队专用的车船

44. 纳税人新购置车辆使用的，其车船税的纳税义务发生时间为（　　）。

A. 购置使用的当月起　　B. 购置使用的次月起

C. 行驶证书所记载日期的当月　　D. 行驶证书所记载日期的次月

45. 某交通运输企业拥有商用货车 20 辆（装备质量 20 吨）；挂车 10 辆（装备质量 10 吨）；商用客车 6 辆（该企业商用货车年税额 40 元/吨，商用客车年税额 1 000 元/辆）。该企业当年应缴纳车船税（　　）元。

A. 3 310　　B. 5 840　　C. 6 200　　D. 56 000

46. 下列关于车船税的征收管理规定中，不正确的是（　　）。

A. 对节约能源的车船不可以减免车船税

B. 对节约能源的车船可以减免车船税

C. 车船税的纳税义务发生时间为取得车船所有权的当月

D. 车船的所有人未缴纳车船税的，使用人应代为缴纳车船税

47. 车辆购置税的纳税人应自购买日、进口日、受赠、获奖等取得日起，（　　）日内进行纳税申报。

A. 15　　B. 30　　C. 45　　D. 60

48. 纳税人购买自用或进口自用应税车辆，若申报的计税价格低于同类型应税车辆的最低计税价格又无正当理由的，按（　　）计缴车辆购置税。

A. 最高计税价格　　B. 最低计税价格

C. 组成计税价格　　D. 平均价格

49. 烟叶税实行比例税率，税率为（　　）。

A. 45%　　B. 30%　　C. 10%　　D. 20%

50. 某卷烟厂 8 月份向烟叶生产者收购烟叶，卷烟厂支付给销售者的烟叶收购价款 40 000 元，向产农开出专用收购发票。则卷烟厂应缴纳的烟叶税为（　　）元。

A. 8 800　　B. 8 000　　C. 44 000　　D. 4 000

三、多项选择题

1. 下列各项中，属于城建税计税依据的有（　　）。

A. 实际应纳“三税”的税额

B. 纳税人滞纳“三税”而加收的滞纳金

C. 纳税人逃避“三税”被处的罚款

D. 纳税人逃避“三税”被查补的税款

2. 下列属于城建税征税范围的有（　　）。

A. 外商投资企业

B. 外国企业

C. 海关对进口货物代征的增值税、消费税

D. 缴纳营业税的运输企业

3. 下列各项中，符合城建税规定的有（　　）。

A. 只要缴纳“三税”，就要缴纳城建税

B. 因减免“三税”而退库的，相应的城建税可以同时退还

C. 对出口产品退还增值税、消费税，不退还城建税

D. 海关对进口货物征收增值税、消费税，不征收城建税

4. 下列可以作为城建税计税依据的有（　　）。

A. 营业税　　B. 消费税　　C. 增值税　　D. 流转税罚款

5. 北京某公司在深圳转让深圳某县城的一处房产，购进价 52 万元，转让价 65 万元，则下列关于城建税的说法正确的有（　　）。

A. 城建税在深圳缴纳　　B. 城建税在北京缴纳

C. 城建税使用县城的相应税率　　D. 城建税为 0.032 5 万元

6. 城建税代收、代扣代缴义务人包括（　　）。

A. 受托方代收消费税的

B. 海关代征进口增值税和消费税的

C. 收购未税矿产品的

D. 按税法规定应代扣“三税”的

7. 下列各项中，符合印花税有关违章处罚规定的有（　　）。

A. 已贴印花税票，揭下重用造成未缴或少缴印花税的，依法追究刑事责任

B. 在应税凭证上未贴少贴印花税票，处以未贴少贴金额 3～5 倍的罚款

C. 伪造印花税票的，由税务机关责令改正，处以 2 000 元以上 1 万元以下的罚款

D. 伪造印花税票情节严重的，处以 1 万元以上 5 万元以下的罚款；构成犯罪的，依法追究刑事责任

8. 印花税的征税对象包括（　　）。

A. 合同或具有合同性质的凭证

B. 产权转移书据

C. 银行根据业务管理需要设置的空白重要凭证登记簿

D. 权利许可证照

9. 印花税的纳税义务人，根据不同的纳税对象，可分为（　　）。

A. 立合同人　　B. 代理人　　C. 立据人　　D. 领受人

10. 下列各项中属于印花税免税项目的有（　　）。

A. 财政贴息贷款合同

B. 专利证

C. 技术合同

D. 企业因改制而签订的产权转移书据

11. 下列关于印花税的陈述不正确的有（　　）。

A. 应纳税额不足 1 角时，免纳印花税

B. 应纳税额在 1 角以上的，其税额尾数不满 5 分的，按实际计税额缴纳

C. 财产租赁合同税额不足 1 元的，不贴花

D. 财产租赁合同税额不足 1 元的，按 1 元贴花

12. 下列属于印花税的征税对象的有（　　）。

A. 账簿　　　　　　　　　　　　B. 车辆行驶证

C. 房屋产权证　　　　　　　　　D. 营业执照

13. 发生下列活动的单位和个人中，应缴纳契税的有（　　）。

A. 销售不动产的房地产公司

B. 以房屋权属作价投资的某企业集团

C. 房产交换中的支付补价方

D. 购买商品房的外籍人员

14. 下列契税计税依据的确定正确的有（　　）。

A. 土地使用权的出售、房屋买卖，计税依据为成交价格

B. 土地使用权赠与、房屋赠与，计税依据由征税机关按市场价格核定

C. 土地使用权交换，计税依据为交换双方确定的价格

D. 企业改制重组过程中，同一投资主体内部所属企业之间土地、房屋权属无偿划转的，计税依据为同类市场价格

15. 下列各项中，可以享受契税免税优惠的有（　　）。

A. 城镇职工自己购买商品住房

B. 高等院校购买房屋用于教学楼

C. 残废人购买自有住房

D. 军事单位承受房屋用于军事设施

16. 契税纳税义务的发生时间是（　　）。

A. 签订土地、房屋权属转移合同的当天

B. 签订土地、房屋权属转移合同的当月

C. 取得具有转移合同性质凭据的当天

D. 实际取得房地产产权证的当天

17. 对于下列（　　）情况，征收机关可以参照市场价格核定契税的计税依据。

A. 甲、乙双方交换的房屋价格差额明显不合理且没有正当理由

B. 老华侨凌山赠与家乡某企业一幢楼房

C. 小王出卖一套房子给小红，但成交价格明显低于市场价格并且没有正当理由

D. 某学校以明显低于市场的价格购买一栋教学楼

18. 下列属于契税征税范围的行为有（　　）。

A. 某政府机关出让一国有土地使用权

B. 某公司将一处房屋赠与教育部门

C. 两个单位之间的房屋交换

D. 李某承包农村果园的经营权

19. 李某 2011 年 4 月 12 日看中了一处住宅楼，当天就谈妥价格并交了购房定金，5 月 2 日正式签订了购房合同，约定 8 月 12 日正式交房。实际交房是在 8 月 25 日，则（　　）。

A. 李某的契税缴纳期限是征收机关核定的期限

B. 李某的契税纳税义务发生时间是 5 月 2 日

C. 李某的契税纳税义务发生时间是 8 月 12 日

D. 李某的契税纳税依据是双方的购销价

20. 土地增值税是对纳税义务人的（　　）行为征税。

A. 转让国有土地使用权　　B. 转让地上建筑物

C. 转让附着物　　D. 转让集体土地使用权

21. 我国《土地增值税暂行条例》规定的属于计算增值额的法定扣除项目有（　　）。

A. 取得土地使用权所支付的金额

B. 开发土地的成本、费用

C. 新建房及配套设施的成本、费用，或者旧房及建筑物的评估价

D. 与转让房地产有关的税金

22. 下列关于城镇土地使用税计税依据的说法正确的有（　　）。

A. 城镇土地使用税以纳税人实际占用的土地面积（平方米）为计税依据

B. 纳税人实际占用的土地面积，是指由省、自治区、直辖市人民政府确定的单位组织测定的土地面积

C. 尚未组织测量，但纳税人持有政府部门核发的土地使用证书的，以证书确认的土地面积为准

D. 尚未核发土地使用证书的，应由纳税人据实申报土地面积，据以纳税，待核发土地使用证以后再作调整

23. 下列各项中，不属于《城镇土地使用税暂行条例》规定的免税项目有（　　）。

A. 个人所有的居住房屋及院落用地

B. 宗教寺庙自用的土地

C. 民政部门举办的安置残疾人占一定比例的福利工厂用地

D. 个人办的医院、托儿所和幼儿园用地

24. 可以成为征税范围内的房产税的纳税义务人的有（　　）。

A. 房屋的产权所有人　　B. 房屋使用人

C. 房屋承典人　　D. 房屋代管人

25. 目前适用《房产税暂行条例》的有（　　）。

A. 非外籍个人　　B. 外商投资企业

C. 外国企业　　D. 外国人境内经营的房产

26. 房产税的计税依据有（　　）。

A. 房产净值　　B. 房产余值

C. 租金收入　　D. 房产市价

27. 下列项目中，属于房产税免税项目的有（　　）。

A. 宗教寺庙出租的住房

B. 人民团体自用的房屋

C. 个人所有的非营业用房

D. 人民银行的分支机构经营金融业务用房产

28. 有关车船税的纳税人，下列表述正确的有（　　）。

A. 在我国境内车辆、船舶的所有人

B. 在我国境内车辆、船舶的管理人

C. 从事机动车第三者责任强制保险业务的保险公司

D. 从事机动车第三者责任保险业务的保险公司的营销人员

29. 下列项目中，以“辆”为计税依据计算车船税的有（　　）。

A. 船舶　　B. 摩托车　　C. 客车　　D. 货车

30. 下列车船属于法定免税的有（　　）。

A. 专项作业车　　B. 警用车船

C. 非机动驳船　　D. 捕捞、养殖渔船

31. 下列各项中，应征收耕地占用税的有（　　）。

A. 铁路线路占用耕地　　B. 学校占用耕地

C. 公路线路占用耕地　　D. 军事设施占用耕地

32. 下列车辆属于车辆购置税免税范围的有（　　）。

A. 外国驻华使馆的车辆

B. 防汛部门用于指挥的设有固定装置的指定型号的车辆

C. 回国服务的留学人员购买自用的国产小汽车

D. 长期来华定居专家进口一辆自用小汽车

33. 关于烟叶税的计税依据，下列描述正确的有（　　）。

A. 烟叶税的计税依据为收购金额

B. 收购金额包括纳税人支付给销售者的烟叶收购价款和价外补贴

C. 收购金额＝收购价款×10％

D. 收购金额为纳税人支付给销售者的烟叶收购价款

34. 关于烟叶税的纳税义务发生时间的规定，以下描述正确的有（　　）。

A. 烟叶税的纳税义务发生时间为纳税人向烟叶销售者付讫收购烟叶款项的当天

B. 烟叶税的纳税义务发生时间为纳税人向烟叶销售者开具收购烟叶凭据的当天

C. 烟叶税的纳税义务发生时间为纳税人向烟叶销售者付讫收购烟叶款项或者开具收购烟叶凭据的当天

D. 烟叶税的纳税义务发生时间为纳税人向烟叶销售者付讫收购烟叶款项或者开具收购烟叶凭据的次日

35. 烟叶税作为价内流转税，其应缴税额构成烟叶收购单位的采购成本，应记入（　　）科目借方。

A. “在途物资”　　B. “物资采购”

C. “主营业务成本”　　D. “其他业务成本”

四、计算题

1. 市区某设备厂为增值税一般纳税人，某月份缴纳增值税 24 万元，补缴上月漏缴增值税 6.4 万元，本月又出租一厂房收取租金 18 万元。请计算该设备厂本月应缴纳的城建税和补缴的城建税。

2. 某县城一生产企业为增值税一般纳税人。本期进口原材料一批，向海关缴纳进口环节增值税 10 万元；本期在国内销售甲产品缴纳增值税 30 万元、消费税 50 万元、消费税滞纳金 1 万元；本期出口乙产品一批，按规定退回增值税 5 万元。请计算该企业本期应缴纳的城建税。

3. 某企业某年度有关资料如下：

(1) 实收资本比上年增加 100 万元。

(2) 与银行签订一年期借款合同，借款金额 300 万元，年利率 5%。

(3) 与甲公司签订以货换货合同，本企业的货物价值 350 万元，甲公司的货物价值 450 万元。

(4) 与乙公司签订受托加工合同，乙公司提供价值 80 万元的原材料，本企业提供价值 15 万元的辅助材料并收加工费 20 万元。

(5) 与丙公司签订转让技术合同，转让收入由丙公司按 5 年（从下一年算起）实现利润的 30%支付。

(6) 与货运公司签订运输合同，载明运输费及保管费共计 20 万元。

要求：逐项计算该企业该年应缴纳的印花税。

4. 某高新技术企业当年 8 月份开业，注册资金 220 万元，当年发生经营活动如下：

(1) 领受工商营业执照、房屋产权证、土地使用证各一份；

(2) 建账时共设 8 个账簿，其中资金账簿中记载实收资本 220 万元；

(3) 签订购销合同 4 份，共记载金额 280 万元；

(4) 签订借款合同 1 份，记载金额 50 万元，当年取得利息 0.8 万元；

（5）与广告公司签订广告制作合同 1 份，分别记载加工费 3 万元，广告公司提供的原材料 7 万元；

（6）签订技术服务合同 1 份，记载金额 60 万元；

（7）签订租赁合同 1 份，记载租赁费金额 50 万元；

（8）签订转让专有技术使用权合同 1 份，记载金额 150 万元。

要求：按下列顺序回答问题，每问均为共计金额：

（1）计算领受权利许可证照应缴纳的印花税；

（2）计算设置账簿应缴纳的印花税；

（3）计算签订购销合同应缴纳的印花税；

（4）计算签订借款合同应缴纳的印花税；

（5）计算签订广告制作合同应缴纳的印花税；

（6）计算签订技术服务合同应缴纳的印花税；

（7）计算签订租赁合同应缴纳的印花税；

（8）计算签订专有技术使用权转让合同应缴纳的印花税。

5. 某年 1 月份，某市房地产开发公司发生以下业务：

（1）转让开发的写字楼一栋，共取得转让收入 5 000 万元，公司按税法规定缴纳了有关税费。已知该公司为取得土地使用权而支付的地价款和按国家统一规定缴纳的有关费用为 500 万元；投入的房地产开发成本为 1 500 万元；房地产开发费用中的利息支出为 120 万元（能够按转让房地产项目计算分摊并提供某商业银行贷款证明）。公司所在地政府规定的其他房地产开发费用的计算扣除比例为 5%。

（2）转让旧办公楼一栋，取得收入 1 000 万元，该账面原值为 680 万元，已提取折旧 300 万元；经有关机构评估，成新度为 45%，目前重置成本 1 200 万元；转让旧房时向政府补缴出让金 80 万元，发生其他相关费用 20 万元。

要求：计算该公司上述业务应纳的土地增值税税额。

6. 某市房地产开发公司某年发生以下业务：

（1）建造一幢普通标准住宅出售，取得销售收入 800 万元，并按税法规定缴纳了有关税费。该公司为建此标准住宅而支付的地价款为 120 万元，投入的建楼成本为 350 万元，所借银行贷款利息支出无法按项目分摊，房地产开发费用计算比例适用 10%。

（2）同年开发另一座普通标准住宅，销售额 650 万元，土地价款和开发成本税务机关认定为 400 万元，房地产开发费用税务机关认定为 40 万元，企业缴纳了相关税金。

要求：计算该房地产开发公司应缴纳的土地增值税。

7. 兴业制药公司坐落在某县城，某年占用土地面积共计 25 000 平方米，其中幼儿园占地 1 000 平方米，子弟学校占地 1 500 平方米，厂区绿化占地 2 000 平方米，厂区外绿化用地 1 800 平方米；当年 4 月购进非耕地 2 000 平方米，耕地 1 500 平方米。

该地区每平方米征收城镇土地使用税 3 元。

要求： 计算该公司该年应缴纳城镇土地使用税额。

8. 某企业某年度共计拥有土地 65 000 平方米，其中子弟学校占地 3 000 平方米，幼儿园占地 1 200 平方米，企业内部绿化占地 2 000 平方米。当年的上半年企业共有房产原值 4 000 万元，7 月 1 日起企业将原值 200 万元、占地面积 400 平方米的一栋仓库出租给某商场存放货物，租期 1 年，每月租金 1.5 万元。8 月 10 日对委托施工单位建设的生产车间办理验收手续，由在建工程转入固定资产原值 500 万元（城镇土地使用税 4 元/平方米，房产税计算余值的扣除比例为 20%）。

要求：

(1) 计算该企业当年应缴纳的城镇土地使用税。

(2) 计算该企业当年应缴纳的房产税。

9. 某森林消防管理中心在更新装备过程中，将 3 辆设有检查报警装置的车进行更换，3 辆车同时购买投入使用，使用年限为 10 年，已使用 4 年，属列入特定用途的免税车辆，更换车辆时将特别装置拆除，并将其改装为后勤用车。由于只改变车厢及某些部件，经审核，该 3 辆车发动机、底盘、车身和电气设备四大组成部分的性能技术数据与东风 EQ1092F·202 型 5 吨汽车的性能数据相近。东风 EQ1092F·202 型 5 吨汽车核定的最低计税价格为 56 000 元。

要求： 计算改装的这 3 辆汽车应纳的车辆购置税。

10. 某房地产开发公司于 2008 年 6 月受让一宗土地使用权，依据受让合同支付转让方地价款 8 000 万元，当月办妥土地使用证并支付了相关税费。自 2008 年 7 月起至 2009 年 6 月末，该房地产开发公司使用受让土地 60%（其余 40%尚未使用）的面积开发建造一栋写字楼并全部销售，依据销售合同共计取得销售收入 18 000 万元。在开发过程中，根据建筑承包合同支付给建筑公司的劳务费和材料费共计 6 200 万元，开发销售期间发生管理费用 700 万元、销售费用 400 万元、利息费用 500 万元（只有 70%能够提供金融机构的证明）。

（注：当地适用的城建税税率为 5%；教育费附加征收率为 3%；契税税率为 3%；购销合同适用的印花税税率为 0.3‰；产权转移书据适用的印花税税率为 0.5‰。其他开发费用扣除比例为 4%。）

要求： 根据上述资料，按照下列序号计算回答问题，每问需计算出合计数。

(1) 计算该房地产开发公司应缴纳的印花税。

(2) 计算该房地产开发公司土地增值额时可扣除的地价款和契税。

（3）计算该房地产开发公司土地增值额时可扣除的营业税、城市维护建设税和教育费附加。

（4）计算该房地产开发公司土地增值额时可扣除的开发费用。

（5）计算该房地产开发公司销售写字楼应缴土地增值税的增值额。

（6）计算该房地产开发公司销售写字楼应缴纳的土地增值税。

11. 某卷烟厂 2012 年 6 月收购烟叶生产卷烟，收购凭证上注明价款 50 万元，并向烟叶生产者支付了价外补贴。

要求：计算该卷烟厂 6 月份收购烟叶可抵扣的进项税额。

五、业务题

1. **资料：**某位于市区的企业，3 月份实际缴纳增值税 45 万元、消费税 61 万元，其中：出口退税（增值税）2 万元，进口货物由海关代征增值税 8 万元、消费税 11 万元。

要求：计算应缴城建税和教育费附加，并作相应会计处理。

2. **资料：**某企业 1 月份与 N 公司签订购货合同一份，总价值 16 万元；与 B 企业签订一份设备购置合同，价值 11 万元。当月转让股票，转让额 450 万元；将购置的车辆投保，保险费金额 2.5 万元。

要求：计算应缴印花税，并作相应的会计处理。

3. **资料：**某公司 6 月份以 5 600 万元购入楼房一栋，并以价值 500 万元的房屋换入价值 530 万元的房屋；接受捐赠房屋，价值 300 万元；当月出售楼房，收入 4 100 万元。设契税税率为 5%。

要求：计算该公司应纳契税，并作相应的会计处理。

4. **资料：**（1）某房地产公司建造普通标准住宅楼一栋，取得售房款 560 万元。该公司为建房支付地价款 98 万元，建楼成本 280 万元，开发费用按地价款和成本的 10%计算，营业税税率 5%，城建税税率 7%，教育费附加征收率 3%。

（2）假定取得售房款 1 000 万元，其他资料同（1）。

（3）某房地产公司采用预缴土地增值税的方法，主管税务机关核定，先按预收款的 10%预缴土地增值税，公司当月预收售房款 300 万元。下月工程竣工，确认全部收入应为 650 万元。按税法规定，该工程项目应缴土地增值税 75 万元。

要求：根据上述资料，计算应缴纳的土地增值税，并作相应的会计处理。

5. **资料：**某公司 1 月实际占用土地 20 000 平方米，其中职工医院占地3 000 平方米。该公司地处大城市，当地政府规定城镇土地使用税为 10 元/平方米，按季纳税。

要求：计算该公司第一季度应缴土地使用税，并作相应的会计处理。

6. **资料：**某公司年初的房产价值 9 500 万元，其中价值 500 万元的房产为单身职工住房，价值1 000万元的房产出租，年租金收入12万元。从价计税部分，税率1.2%，一次减除率为20%。经主管税务机关核定，该企业按季缴税。

要求： 计算该公司年度、季度应缴房产税，并作第一季度上缴房产税的会计处理。

7. **资料：** 某小型运输公司拥有并使用以下车辆：(1) 商用货车5辆（装备质量10吨，每吨车船税60元）；(2) 商用客车10辆（每辆车船税1 000元）；(3) 乘用车5辆（每辆车船税500元）。

要求： 根据上述资料，计算该公司应缴车船税，并作出相应的会计处理。

8. **资料：** 某公司1月份购进国产卡车2辆，增值税专用发票注明：价款450 000元，增值税76 500元；进口小轿车（排气量在3升以上）1辆，CIF价格折合人民币260 000元，关税税率50.7%，消费税税率8%，增值税税率17%。当月已向主管税务机关、海关缴纳车辆购置税。

要求： 计算应缴车辆购置税，确认卡车、小轿车的入账价值，并作相应的会计处理。

六、案例题

案例1 （城市维护建设税）

1. 位于某县城市区的振兴铸钢厂，当年应缴纳增值税150万元，由于资金紧张等原因，当年实际缴纳增值税100万元，假设年初增值税无欠税，则当年该企业应纳城建税额为10.5万元（150×7%）。

2. 设立在某市区的外商投资企业，3月份缴纳增值税120 000元，当月应缴纳城建税为8 400元（120 000×7%）。

3. 某市商业银行下设10个营业所，两个营业所在市区，5个营业所在农村建制镇，3个营业所在三个乡政府所在地。该银行核算地在市区。4月份取得利息收入300万元，其中，150万元来自各城镇的营业所，100万元来自各乡营业所，50万元来自市区营业所。

当月应纳城建税＝150×5%×5%＋50×5%×7%＝0.55(万元)

4. 位于某城镇的国有粮食白酒生产企业，5月份接受某个体户（位于某乡村）委托加工粮食白酒10吨，同类产品不含税售价10 000元/吨，当月将加工好的产品发往该个体户，并按规定代收代缴消费税25 000元。因该个体户属于农村，故不需代收代缴城建税。

5. 某民政福利企业（位于某市市区）享受增值税“先征后返”税收优惠政策，缴纳增值税时，城建税随同缴纳。6月份收到增值税退税额15万元，当月应退城建税为1.05万元（15×7%）。

6. 某日用化学品厂（位于某市市区），7月份进口一批化妆品，到岸价格

28 000 元，关税税率为 50%。该企业在报关进口时，海关应代征城建税额为 0。

7. 某城市宾馆 8 月份缴纳营业税 12 万元，因延迟缴纳被加收滞纳金 5 000元。

当月应纳城建税=(120 000+5 000)×7%=8 750(元)

分析要求：上述计算有无错误，请说明原因。

案例 2（印花税）

甲企业于 2007 年投资开办，2011 年 1 月，祥瑞税务师事务所受托代理审查该企业 2008 年度印花税缴纳情况。经审查有关账簿凭证，获得下列资料：

1. 1 月 5 日，与 A 企业签订一份以货易货合同。合同规定，甲企业以价值 30 万元的产品换取 A 企业 32 万元的货物作为原材料。由于种种原因，该合同在规定的期限内未履行。

2. 接受 B 企业委托加工产品，合同载明，原材料及辅助材料由甲企业提供，价值 30 万元，另收取加工费 10 万元，合计价款 40 万元。

3. 2 月 15 日，与市工商银行签订周转性流动资金借款合同，合同规定的最高借款限额为 500 万元，本年度在规定的限额内共借款 3 次，随借随还，金额分别为 300 万元、400 万元、350 万元；4 月 12 日，与 C 企业签订借款合同一份，金额为 100 万元；5 月 12 日，签订无息贷款合同一份，金额 40 万元，无息贷款合同免予贴花。

4. 与 C 企业签订仓储保管合同一份，货物总价值 100 万元，保管费 15 万元。

5. 本年度共对外捐赠财产 3 次，分别书立产权转移书据，其中，将财产赠给政府所立书据金额为 40 万元；将财产赠给另一关联企业所立书据金额为 15 万元；将财产赠给学校所立书据金额为 20 万元。

6. 甲企业于 2007 年开办时领取了下列手续：房屋产权证、工商营业执照、税务登记证（2 本）、商标注册证、专利证、土地使用证。除税务登记证 2009 年度全国统一换发外，其他权利、许可证照未发生遗失或变更情况。

7. 企业生产经营用账册共 10 本，其中，资金账簿 1 本，账面反映年初实收资本 500 万元，资本公积金 100 万元，年末实收资本余额 600 万元，资本公积金余额 150 万元；其他营业账簿 9 本，其中，固定资产明细账从 2007 年开办以来一直使用。另外还有不包括在上述 10 本账册范围的车间统计簿 2 本。

企业各项印花税额计算如下：

1. 因本合同未履行，故不需贴花。

2. 应纳印花税=(300 000+100 000)×0.3‰=120(元)

3. 应纳印花税＝(5 000 000＋1 000 000＋400 000)×0.05‰＝320(元)

4. 应纳印花税＝150 000×1‰＝150(元)

5. 应纳印花税＝150 000×0.5‰＝75(元)

6. 应纳印花税＝1×5＝5(元)

7. 应纳印花税＝[(6 000 000－5 000 000)＋(1 500 000－1 000 000)]×0.5‰＋10×5
＝800(元)

8. 应纳印花税合计＝120＋320＋150＋75＋5＋800＝1 470(元)

分析要求：分析企业印花税的计算是否正确，指出其错误，并说明理由。

案例 3（契税）

甲企业某月发生如下转移土地、房屋权属业务：

1. 取得一宗土地使用权，支付出让金 200 万元；

2. 某单位因无力偿还甲企业债务，双方协商，该单位以自有原值为 50 万元的房产抵偿甲企业 60 万元的债务；

3. 因生产经营需要，甲企业用价值 100 万元的房屋与另一企业价值 170 万元的房屋交换，支付差价款 70 万元；

4. 购买房屋一幢，成交价格为 800 万元；

5. 接受某国有企业以房产投资入股，房产市场价值为 140 万元。

企业应纳契税计算如下：

1. 应纳税额＝200×4%＝8(万元)

2. 应纳税额＝50×4%＝2(万元)

3. 应纳税额＝170×4%＝6.8(万元)

4. 应纳税额＝800×4%＝32(万元)

5. 接受房产投资入股，不需纳税。

应纳契税合计＝8＋2＋6.8＋32＝48.8(万元)

分析要求：上述计算是否正确，请指出其错误并说明理由（税率为 4%）。

案例 4（城镇土地使用税）

A 公司系位于某城市郊区的国有企业。近日，某税务师事务所的注册税务师接受了该企业的委托，为其代理当年 1—6 月份纳税审查，在审查土地使用税纳税情况时，获得下列资料：

A 公司提供的政府部门核发的土地使用证书显示：A 公司实际占地面积 50 000平方米，其中：

1. 企业内学校和医院共占地 1 000 平方米。

2. 厂区以外的公用绿化用地5 000平方米，厂区内生活小区的绿化用地600平方米。

3. 当年3月30日，A公司将一块2 000平方米的土地对外出租给另一企业生产经营使用。

4. 当年4月30日，将一块900平方米的土地无偿借给某国家机关公务使用。

5. 与某外商投资企业共同拥有一块面积为3 000平方米的土地，其中A公司实际使用2 000平方米，其余归外商投资企业使用。

6. 当年5月16日，新征用厂区附近的两块土地共计2 500平方米，一块是征用的耕地，面积为1 000平方米，另一块是征用的非耕地，面积为1 500平方米。

7. 除上述土地外，其余土地均为A公司生产经营用地。该地区每平方米土地年纳税额1元。

企业应纳土地使用税计算如下：

1. 企业办的学校、医院、托儿所、幼儿园自用的土地，比照由国家财政部门拨付事业经费的单位自用的土地，免征城镇土地使用税。

2. 对企业厂区的绿化用地，暂免征收城镇土地使用税。

3. 应纳税额＝2 000×1×6÷12＝1 000(元)

4. 应纳税额＝900×1×6÷12＝450(元)

5. 应纳税额＝2 000×1÷2＝1 000(元)

6. 应纳税额＝2 500×1÷12＝208.33(元)

7. 应纳税额＝(50 000－1 000－5 000－600－2 000－900－3 000－2 500)×1÷2
＝17 500(元)

当年1—6月份

应纳城镇土地使用税＝1 000＋450＋1 000＋208.33＋17 500
＝20 158.33(元)

分析要求：上述计算是否正确，并说明理由。

案例5（房产税）

某人在当年2月到工商局注册登记了一家咨询公司，公司共有职工5人，为节省费用，该人以其自用住房（面积300平方米，带跃层的顶楼住房，其中上层为100平方米准备用于公司办公，购买价格共计200万元）注册了办公地点。之后到税务局办理税务登记，登记后，税务人员给其发了一张下月要填的纳税申报表，其中房产税需缴16 800元。该人认为公司还没有收入，已经垫支了注册资本10万元，办理各种登记支付了5 000多元的费用，下月又要缴那么多税。为此，他向懂税的朋友咨询，朋友为他指明“两条路”：

（1）签订一份房屋租赁合同，租赁100平方米，设每月租金1 000元；

（2）向税务局说明实际情况，争取按公司的实际使用面积缴纳房产税。

分析要求：

1. 税务局计算的16 800元房产税是否正确？（当地规定允许减除比例为30%。）

2. 朋友指出的第一条路在当年是否可行？如果不可行，第2年是否可行？当该方案执行时，年应纳多少房产税？公司在房产税之外，还得到什么“实惠”？

3. 朋友指出的第二条路在当年是否可行？如果税务局同意，公司每年需缴多少房产税？

参考答案

一、名词解释

1. 土地增值税，是对纳税人转让房地产所取得的土地增值额征收的一种税。

2. 耕地占用税，是对占用耕地建房或从事其他非农业建设的单位和个人，就其实际占用耕地面积征收的一种税。

3. 城镇土地使用税，是对城市、县城、建制镇和工矿区范围内使用土地的单位和个人，按实际占用土地面积征收的一种地方税。

4. 房产税，是指以房产为征税对象，按照房产的评估值征收的一种财产税。

5. 车船税，是在我国境内向车辆和船舶的所有人或管理人征收的一种税。

6. 城市维护建设税，是以纳税人实际缴纳的流转税额为计税依据征收的一种流转税。

7. 印花税，是对经济活动和经济交往中书立、领受凭证行为征收的一种行为税。

8. 契税，是因房屋买卖、典当、赠与或交换而发生产权转移时，依据当事人双方订立的契约，由承受人缴纳的一种财产税。

9. 车辆购置税，是以在中国境内购置规定车辆为课税对象，在特定环节向车辆购置者征收的一种税。

二、单项选择题

1. C	2. A	3. B	4. C	5. D
6. D	7. C	8. D	9. A	10. B

11. C　12. B　13. A　14. C　15. B
16. D　17. A　18. A　19. B　20. D
21. A　22. D　23. C　24. A　25. B
26. B　27. C　28. CD　29. A　30. C
31. C　32. C　33. C　34. C　35. D
36. C　37. A　38. C　39. D　40. B
41. A　42. D　43. D　44. C　45. D
46. A　47. D　48. B　49. D　50. A

三、多项选择题

1. AD　2. ABD　3. BCD　4. ABC　5. ACD
6. AD　7. CD　8. ABD　9. ACD　10. AD
11. BC　12. CD　13. CD　14. AB　15. BD
16. AC　17. ABC　18. ABC　19. ABD　20. ABC
21. ABCD　22. ABCD　23. ACD　24. ABCD　25. ABCD
26. BC　27. BC　28. AB　29. BC　30. BD
31. AC　32. ABD　33. ABC　34. ABC　35. AB

四、计算题

1. 该厂本月应缴城建税＝(24＋18×5%)×7%＝1.743(万元)

应补缴城建税＝6.4×7%＝0.448(万元)

2. 按城建税有关规定，城建税是以纳税人实际缴纳的增值税、消费税、营业税三税为依据的，进口不征，出口不退。

该企业本期应纳城建税＝(30＋50)×5%＝4(万元)

3. (1) 实收资本增加应纳印花税＝1 000 000×0.5‰＝500(元)

(2) 借款合同应纳印花税＝3 000 000×0.05‰＝150(元)

(3) 以货换货合同应纳印花税＝(3 500 000＋200 000)×0.3‰
＝1 110(元)

(4) 加工合同应纳印花税＝(150 000＋200 000)×0.5‰＝175(元)

(5) 技术合同应纳印花税，先按 5 元计税。

(6) 货运合同应纳印花税＝(80 000－5 000)×0.5‰＝37.5(元)

(7) 运输合同应纳印花税＝200 000×1‰＝200(元)

当年应纳印花税＝500＋150＋1 110＋175＋5＋37.5＋200＝2 177.5(元)

4. (1) 领受权利许可证照应纳印花税＝5＋5＋5＝15(元)

(2) 设置账簿应纳印花税＝7×5＋2 200 000×0.5‰＝35＋1 100
＝1 135(元)

(3) 签订购销合同应纳印花税＝2 800 000×0.3‰＝840(元)

(4) 借款合同应纳印花税＝500 000×0.05‰＝25(元)

(注：利息不缴纳印花税。)

(5) 广告制作合同应纳印花税＝30 000×0.5‰＋70 000×0.3‰

＝36(元)

(注：这里，原材料是由广告公司提供的，也就是承揽方提供，应当按照购销合同计算贴花。)

(6) 技术服务合同应纳印花税＝600 000×0.3‰＝180(元)

(7) 租赁合同应纳印花税＝500 000×0.1%＝500(元)

(8) 专有技术使用权转让合同应纳印花税＝1 500 000×0.5‰＝750(元)

5. (1) 实现收入总额＝5 000(万元)

扣除项目金额如下：

支付地价款＝500(万元)

支付开发成本＝1 500(万元)

房地产开发费用＝120＋(500＋1 500)×5%＝220(万元)

扣除的税金＝5 000×5%×(1＋7%＋3%)＝275(万元)

加计扣除费用＝(500＋1 500)×20%＝400(万元)

扣除项目总额＝500＋1 500＋220＋275＋400＝2 895(万元)

增值比率＝(5 000－2 895)÷2 895×100%＝72.71%

应纳税额＝(5 000－2 895)×40%－2 895×5%

＝842－144.75＝697.25(万元)

(2) 旧楼的转让价＝1 000 (万元)

旧楼的扣除项目如下：

评估价＝1 200×45%＝540(万元)

转让费用和税金＝80＋20＝100(万元)

扣除项目总额＝540＋100＝640(万元)

增值比率＝(1 000－640)÷640×100%＝56.25%

应纳税额＝(1 000－640)×40%－640×5%＝144－32＝112(万元)

6. (1) 实现收入总额＝800 (万元)

扣除项目金额如下：

支付地价款＝120(万元)

支付开发成本＝350(万元)

房地产开发费用＝(120＋350)×10%＝47(万元)

扣除的税金＝800×5%×(1＋7%＋3%)＝44(万元)

加计扣除费用＝(120＋350)×20%＝94(万元)

扣除费用的总额＝120＋350＋47＋44＋94＝655(万元)

增值额＝800－655＝145(万元)

增值比率＝145÷655×100%≈22%

计算应纳税额＝145×30%＝43.5(万元)

(2) 实现收入总额＝650 (万元)

扣除项目金额如下：

支付地价款和开发成本＝400(万元)

税务认定三项费用＝40(万元)

扣除的税金＝650×5%×(1＋7%＋3%)＝35.75(万元)

加计扣除费用＝400×20%＝80(万元)

扣除费用的总额＝400＋40＋35.75＋80＝555.75(万元)

增值额＝650－555.75＝94.25(万元)

增值比率＝94.25÷555.75×100%＝16.96%

16. 96%＜20%，故免征土地增值税。

(3) 该房地产公司应纳土地增值税合计 43.50 万元。

7. 厂区内的绿化用地需要缴纳城镇土地使用税；企业办的学校、幼儿园，其用地能与企业其他用地明确区分的，免征土地使用税；凡是缴纳了耕地占用税的，自批准征用之日起满一年后征收土地使用税；征用非耕地不需要缴纳耕地占用税，应自批准征用之次月起征收城镇土地使用税。

当年应纳城镇土地使用税＝(25 000－1 000－1 500－1 800－1 500－2 000)
×3＋2 000×3×8/12
＝55 600(元)

8. (1) 当年应纳城镇土地使用税＝(65 000－3 000－1 200)×4
＝243 200(元)

(2) 自有房产应纳房产税＝(4 000－200)×(1－20%)×1.2%
＝36.48(万元)

200×(1－20%)×1.2%÷12×6＝0.96(万元)

或　4 000×(1－20%)×1.2%－200×(1－20%)×1.2%×50%＝37.44(元)

出租房产应纳房产税＝1.5×6×12%＝1.08(万元)

在建工程应纳房产税＝500×(1－20%)×1.2%÷12×4＝1.6(万元)

当年应纳房产税合计＝36.48＋0.96＋1.08＋1.6＝40.12(万元)

9. $应纳税额=数量\times 同类型新车最低计税价格\times\left[1-\left(已使用年限\div 规定使用年限\right)\right]\times 100\%\times 税率$

$=3\times 56\,000\times[1-(4\div 10)]\times 100\%\times 10\%$

$=10\,080$(元)

10. (1) 该房地产开发公司应纳印花税

$=8\,000\times 0.5‰+18\,000\times 0.5‰+6\,200\times 0.3‰$

$=14.86$(万元)

(2) 该房地产开发公司土地增值额时可扣除的地价款和契税

$=8\,000\times 60\%+8\,000\times 3\%\times 60\%$

$=4\,944$(万元)

(3) 计算土地增值额时可扣除的营业税、城市维护建设税和教育费附加 $=18\,000\times 5\%\times(1+5\%+3\%)$

$=972$(万元)

(4) 计算土地增值额时可扣除的开发费用

$=500\times 70\%+(4\,944+6\,200)\times 4\%=795.76$(万元)

(5) 计算该房地产开发公司销售写字楼应缴土地增值税的增值额

$=18\,000-4\,944-6\,200-972-795.76-(4\,944+6\,200)\times 20\%$

$=2\,859.44$(万元)

(6) 增值率 $=2\,859.44\div(18\,000-2\,859.44)\times 100\%=18.89\%$

该房地产开发公司销售写字楼应纳土地增值税 $=2\,859.44\times 30\%=857.83$（万元）

11. 烟叶收购金额 $=50\times(1+10\%)=55$(万元)

烟叶税应纳税额 $=55\times 20\%=11$(万元)

准予抵扣进项税 $=(55+11)\times 13\%=8.58$(万元)

五、业务题

1. (1) 应纳城建税 $=[(45+61)-(8+11)]\times 7\%$

$=(106-19)\times 7\%$

$=6.09$(万元)

借：营业税金及附加　　60 900

　贷：应交税费——应交城建税　　60 900

缴纳税款时。

借：应交税费——应交城建税　　60 900

　贷：银行存款　　60 900

(2) 应交教育费附加 $=[(45+61)-(8+11)]\times 3\%$

$=1\,106-19)\times 3\%$

$=2.61$(万元)

借：营业税金及附加　　26 100

　　贷：应交税费——应交教育费附加　　26 100

2.（1）企业订立购销合同应纳印花税额＝(160 000＋110 000)×0.3‰

＝81(元)

（2）企业转让股票应纳印花税额＝4 500 000×1‰＝4 500(元)

（3）企业订立的财产保险合同应纳印花税额＝25 000×1‰＝25(元)

该企业当月应缴纳的印花税＝81＋4 500＋25＝4 606(元)

借：管理费用　　4 606

　　贷：银行存款　　4 606

3.（1）购入楼房应纳契税＝5 600×5%＝280(万元)

借：固定资产　　2 800 000

　　贷：银行存款　　2 800 000

（2）换入房屋应纳契税＝(530－500)×5%＝1.5(万元)

借：固定资产　　315 000

　　贷：应付账款——××单位　　300 000

　　　　应交税费——应交契税　　15 000

上缴契税时。

借：应交税费——应交契税　　15 000

　　贷：银行存款　　15 000

（3）接受捐赠房屋应纳契税＝300×5%＝15(万元)

借：固定资产　　3 150 000

　　贷：营业外收入　　3 000 000

　　　　应交税费——应交契税　　150 000

（4）出售房屋无须缴纳契税。

4.（1）

1）收入总额＝560(万元)

2）可以扣除项目如下：

地价款＝98(万元)

开发成本＝280(万元)

开发费用＝(98＋280)×10%＝37.8(万元)

有关税金＝560×5%×(1＋7%＋3%)＝30.8(万元)

加计扣除费用＝(98＋280)×20%＝75.6(万元)

扣除费用总额＝98＋280＋37.8＋30.8＋75.6＝522.2(万元)

3）增值额＝560－522.2＝37.8(万元)

4）增值率＝37.8÷522.2×100％＝7.2％

因为7.2％＜20％，故免征土地增值税。

收入实现时（不考虑其他税费，土地增值税免征）。

借：银行存款　　5 600 000

　贷：主营业务收入　　5 600 000

（2）

1）收入总额＝1 000（万元）

2）扣除项目总额＝522.2（万元）

3）增值额＝1 000－522.2＝477.8（万元）

4）增值率＝477.8÷522.2×100％＝91.5％

5）应纳土地增值税＝477.8×40％－522.2×5％＝165.01（万元）

计算应当由营业收入负担的土地增值税时。

借：营业税金及附加　　1 650 100

　贷：应交税费——应交土地增值税　　1 650 100

实际缴纳土地增值税时。

借：应交税费——应交土地增值税　　1 650 100

　贷：银行存款　　1 650 100

（3）收到预收款时。

借：银行存款　　3 000 000

　贷：预收账款——××买主　　3 000 000

按预收款10％的比例预提应缴土地增值税时。

借：递延税款——土地增值税　　300 000

　贷：应交税费——应交土地增值税　　300 000

预缴土地增值税时。

借：应交税费——应交土地增值税　　300 000

　贷：银行存款　　300 000

实现收入、办理结算时。

借：预收账款——××买主　　3 000 000

　　银行存款　　3 500 000

　贷：主营业务收入　　6 500 000

按土地增值税规定，计算整个工程项目收入应缴土地增值税时。

借：营业税金及附加　　750 000

　贷：应交税费——应交土地增值税　　450 000

　　　递延税款——土地增值税　　300 000

清缴土地增值税时。

借：应交税费——应交土地增值税　　450 000
　　贷：银行存款　　450 000

5. 全年应纳税额＝实际占用应税土地面积(平方米)×适用税额
＝(20 000－3 000)×10×12＝2 040 000(元)

第一季度应缴城镇土地使用税＝2 040 000÷4＝510 000(元)

计提税金时。

借：管理费用　　510 000
　　贷：应交税费——应交城镇土地使用税　　510 000

上缴税金时。

借：应交税费——应交城镇土地使用税　　510 000
　　贷：银行存款　　510 000

6. (1) 从价计征的房产应纳税额＝(9 300－1 000)×(1－20%)×1.2%
＝796 800(元)

(2) 从租计征的房产应纳税额＝120 000×12%＝1 440(元)

(3) 全年应纳税额＝796 800＋1 440＝798 240(元)

(4) 第一季度应纳税额＝798 240÷4＝199 560(元)

计提税金时。

借：管理费用　　199 560
　　贷：应交税费——应交房产税　　199 560

上缴税金时。

借：应交税费——应交房产税　　199 560
　　贷：银行存款　　199 560

7. 该运输公司应纳车船税＝5×20×60＋10×1 000＋5×500＝18 500(元)

借：管理费用　　18 500
　　贷：应交税费——应交车船使用税　　18 500
借：应交税费——应交车船使用税　　18 500
　　贷：银行存款　　18 500

8. 购进国产卡车应缴纳的车辆购置税为：

450 000×2×10%＝90 000(元)

卡车的入账价值＝450 000＋76 500＋90 000＝616 500(元)

会计分录如下：

借：固定资产——车辆　　616 500
　　贷：银行存款　　526 500
　　　　应交税费——应交车辆购置税　　90 000

实际上缴车辆购置税时。

借：应交税费——应交车辆购置税　　90 000

　贷：银行存款　　90 000

进口小轿车应缴纳的车辆购置税税额为：

应纳税额＝计税价格×税率
＝(关税完税价格＋关税＋消费税)×税率
＝{260 000＋260 000×50.7%＋[(260 000＋260 000×50.7%)÷(1－8%)]×8%}×10%
＝4.258 9(万元)

小轿车的入账价值＝42.589＋4.258 9＝46.847 9(万元)

会计分录如下：

借：固定资产——车辆　　468 479

　贷：银行存款　　468 479

六、案例题

案例 1

分析：上述计算有错误，原因如下：

1. 城建税的计税依据是纳税人实际缴纳的“三税”（增值税、消费税、营业税）之和；纳税人（振兴铸钢厂）所在地为县城，因此，税率为 5%。所以有：

当年应纳城建税额＝100×5%＝5(万元)

2. 计算无误，外商投资企业和外国企业缴纳“三税”，同时也缴纳城建税。

3. 城建税的计税依据是纳税人实际缴纳的“三税”（增值税、消费税、营业税）之和。城建税按纳税人所在地的不同，设置了三档地区差别比例税率，即：(1) 纳税人所在地为市区的，税率为 7%；(2) 纳税人所在地为县城、镇的，税率为 5%；(3) 纳税人不在市区、县城或者镇的，税率为 1%。纳税人缴纳“三税”的地点，原则上就是该纳税人缴纳城建税的地点。因此，该银行当月应纳城市维护建设税税额为：

应纳城建税＝150×5%×5%＋100×5%×1%＋50×5%×7%
＝0.6(万元)

4. 现行税法规定，受托方代扣代缴“三税”的纳税人，按受托方所在地适用税率计算代扣代缴的城建税；受托方为位于某城镇的国有粮食白酒生产企业，因此，应纳城建税为：

应纳城建税＝25 000×5%＝1 250(元)

5. 现行税法规定，对“三税”实行先征后返、先征后退、即征即退办法的，除另有规定外，对随“三税”附征的城建税和教育费附加，一律不予退（返）还。

6. 现行税法规定，出口产品退还增值税、消费税，不退还已缴纳的城建税；进口产品需征收增值税、消费税，但不征收城建税，即城建税出口不退，进口不征。

7. 现行税法规定，城建税的计税依据是纳税人实际缴纳的“三税”（增值税、消费税、营业税）之和；纳税人违反“三税”有关规定而加收的滞纳金和罚款，不作为城建税的计税依据。

案例 2

分析：

1. 该企业印花税的计算不正确。其理由如下：

税法规定，应税合同在签订时纳税义务即已产生，应计算应纳税额并贴花。所以，不论合同是否兑现或是否按期兑现，均应贴花完税；并且在商品购销活动中，采用以货换货方式进行商品交易签订的合同，应按合同所载的购销合计金额计税贴花。

应纳印花税＝(300 000＋320 000)×0.3‰＝186(元)

2. 该企业印花税的计算不正确。其理由如下：

税法规定，对于由受托方提供原材料的加工、定做合同，凡在合同中分别记载加工费金额和原材料金额的，应分别按加工承揽合同、购销合同计税，两项税额相加数，即为合同应贴印花；若合同中未分别记载，则应就全部金额依照加工承揽合同计税贴花。

应纳印花税＝300 000×0.3‰＋100 000×0.5‰＝140(元)

3. 该企业印花税的计算不正确。其理由如下：

税法规定，借贷双方签订的流动资金周转性借款合同，一般按年（期）签订，规定最高限额，借款人在规定的期限和最高限额内随借随还。为避免加重借贷双方的负担，对这类合同只以其规定的最高额为计税依据，在签订时贴花一次，在限额内随借随还不签订新合同的，不再另贴印花。

2 月 15 日应纳印花税＝5 000 000×0.05‰＝250(元)

4 月 12 日应纳印花税＝1 000 000×0.05‰＝50(元)

与金融机构签订的无息贷款合同免税。

4. 该企业印花税的计算正确。其理由如下：

仓储保管合同，计税依据为仓储保管的费用（即保管费收入）。

5. 该企业印花税的计算正确。其理由如下：

税法规定，产权转移书据，计税依据为书据中所载的金额；财产所有人将财产赠给政府、社会福利单位、学校所立的书据免缴印花税。

6. 该企业印花税的计算正确。其理由如下：

税法规定，权利、许可证照的征税范围包括政府部门发给的房屋产权证、工商营业执照、商标注册证、专利证、土地使用证。不包括税务登记证。纳税环节为书立或领受时。

7. 该企业印花税的计算正确。其理由如下：

税法规定，记载资金的营业账簿，以实收资本和资本公积的两项合计金额为计税依据。

其他营业账簿，计税依据为应税凭证件数。

$$应纳印花税=(5\,000\,000+1\,000\,000)\times 0.5‰+10\times 5=3\,050(元)$$

案例 3

分析：

1. 计算正确，其理由如下：税法规定，国有土地使用权出让，以成交价格为计税依据。

2. 计算正确，其理由如下：税法规定，经当地政府和有关部门批准，以房产抵债或实物交换房屋，均视同房屋买卖，应由产权承受人按房屋现值缴纳契税。

3. 计算不正确，其理由如下：税法规定，房屋交换，以所交换的土地使用权、房屋的价格差额为计税依据。

$$应纳税额=70\times 4\%=2.8(万元)$$

4. 计算正确，其理由如下：税法规定，房屋买卖，以成交价格为计税依据，并由承受方纳税。

5. 计算不正确，其理由如下：以房产作投资属房屋产权转移，应根据国家房地产管理的有关规定，办理房屋产权交易和产权变更登记手续，视同房屋买卖，由产权承受方按契税税率计算缴纳契税。

$$应纳税额=140\times 4\%=5.6(万元)$$

案例 4

分析：

1. 理由不准确。

税法规定，企业办的学校、医院、托儿所、幼儿园，其用地能与企业其他用地明确区分的，免征城镇土地使用税。

2. 计算不正确，其理由如下：

税法规定，对企业厂区以外的公共绿化用地和向社会开放的公园用地，暂免征收城镇土地使用税；厂区内生活小区的绿化用地征收城镇土地使用税。

应纳税额＝600×1×6÷12＝300(元)

3. 计算正确，其理由如下：

税法规定，拥有土地使用权的单位和个人为城镇土地使用税的纳税人。

应纳税额＝2 000×1×6÷12＝1 000(元)

4. 计算不正确，其理由如下：

税法规定，免税单位无偿使用纳税单位的土地（如公安、海关等单位使用铁路、民航等单位的土地)，免征城镇土地使用税。

应纳税额＝900×1×4÷12＝300(元)

5. 计算不正确，其理由如下：

税法规定，土地使用权共有的，共有各方都是纳税人，由共有各方分别纳税。城镇土地使用税的纳税义务人，是承担缴纳城镇土地使用税的所有单位和个人，但不包括外商投资企业和外国企业在华机构。

应纳税额＝2 000×6÷12＝100(元)

6. 计算不正确，其理由如下：

税法规定，纳税人新征用的耕地，自批准征用之日起满一年时开始缴纳土地使用税；纳税人新征用的非耕地，自批准征用次月起缴纳城镇土地使用税。

应纳税额＝1 500×1÷12＝125(元)

7. 计算不正确，其理由如下：

城镇土地使用税实行按年计算、分期缴纳的征税方法。

应纳税额＝(50 000－1 000－5 000－600－2 000－900－3 000－2 500)
×1×6÷12
＝17 500(元)

案例 5

分析：

1. 税务局计算的 16 800 元房产税不正确。理由是：税法规定，纳税人将原有房产用于生产经营，从生产经营之月起，缴纳房产税。

2. 朋友指出的第一条路在当年可行。

应纳房产税=1 000×12%×12=1 440(元)

3. 朋友指出的第二条路在当年可行。如果税务局同意，公司当年需缴房产税为：

应纳房产税=2 000 000÷3×(1−30%)×1.2%=5 600(元)

第 11 章

Chapter 11 税务筹划原理

学习目标

本章重点阐述了税务筹划的基本概念、原则、目标、风险等问题。通过本章的学习，应当掌握税务筹划的含义、原则、目标；理解税务筹划的成本与风险，避税的实质与基本方法；了解税务筹划的特点、技术和步骤。

学习指导

1. 学习重点：税务筹划的原则和目标。

2. 学习难点：(1) 税务筹划的成本和风险；(2) 税务筹划的技术。

练习题

一、名词解释

1. 税务筹划　　2. 节税　　3. 避税　　4. 税负转嫁

二、单项选择题

1. 税务筹划一般都是在应税行为发生之前进行谋划、设计和安排的，它可以在事先测算企业税务筹划的效果，因而具有一定的（　　）。

A. 超前性　　B. 目的性　　C. 普遍性　　D. 多变性

2. “政府为了某种经济或社会目的，针对经营者、消费者希望减轻税负、获得最大利益的心态，有意识地制定一些税收优惠、税收鼓励、税法差异政策，引导投资者、经营者、消费者采取符合政府政策导向的行为，其结果是双赢。”这段文字描述的是税务筹划（　　）的特点。

A. 合法性　　B. 专业性
C. 普遍性　　D. 符合政府的政策导向性

3. 当存在多种税收政策、计税方法可供选择时，纳税人以税负最低为目的，对企业经营、投资、筹资等经济活动进行的涉税选择行为是（　　）。

A. 转移税负　B. 节税　C. 避税　D. 漏税

4. 纳税人在熟知相关税境的税收法规的基础上，在不直接触犯税法的前提下，利用税法等有关法律的疏漏、模糊之处，通过对经营活动、融资活动、投资活动等涉税事项的精心安排，达到规避或减轻税负的行为是（　　）。

A. 转移税负　B. 节税　C. 避税　D. 漏税

5. 避税实践中最基本的方法是（　　）。

A. 价格转让法　　B. 成本（费用）调整法
C. 融资法　　D. 低税区避税法

6. 税务筹划的最基本原则是（　　）。

A. 合法或不违法原则　　B. 保护性原则
C. 时效性原则　　D. 整体综合性原则

三、多项选择题

1. 关于税务筹划的目标，以下说法正确的有（　　）。

A. 恰当履行纳税义务
B. 纳税成本最低化
C. 税收负担最低化
D. 减轻税收负担，争取税后利润最大化

2. 税务筹划的原则包括（　　）。

A. 合法或不违法原则　　B. 保护性原则
C. 时效性原则　　D. 整体综合性原则

3. 以下属于税务筹划特点的有（　　）。

A. 目的性　B. 普遍性　C. 多变性　D. 时效性

4. 税务筹划的基本实施手段包括（　　）。

A. 节税　B. 避税　C. 漏税　D. 税负转嫁

5. 节税的特点包括（　　）。

A. 目的性　　B. 普遍性
C. 多变性　　D. 时效性

6. 避税可以从不同角度分类。按避税针对的税收法规制度分类，避税可以分为（　　）。

A. 利用选择性条款避税　　B. 利用伸缩性条款避税
C. 利用不明确条款避税　　D. 利用矛盾性条款避税

7. 税务筹划具有下列意义（　　）。

A. 有助于提高纳税人的纳税意识

B. 有助于实现纳税人财务利益的最大化

C. 有助于提高企业的财务与会计管理水平

D. 有利于提高企业的竞争力

E. 有助于优化产业结构和资源的合理配置

F. 促进社会中介服务的发展

8. 税务筹划的基本技术主要包括（　　）。

A. 减、免税技术　　B. 税率差异技术

C. 分割技术　　D. 延期纳税技术

四、案例题

某人在一段时期内为某单位提供相同的劳务服务，该单位或一季、或半年、或一年一次付给其劳务报酬。这样取得的劳务报酬，虽然是一次取得，但不能按一次申报缴纳个人所得税。

方案一：该单位年底一次付给该人一年的咨询服务费 6 万元。如果该人按一次申报纳税，其应纳税所得额如下：

应纳税所得额＝60 000(1－20％)×40％－7 000＝12 200(元)

属于劳务报酬一次收入畸高，应按应纳税额加成征收。

方案二：该人以每个月的平均收入 5 000 元分别申报纳税，其每月应纳税额和全年应纳税额如下：

每月应纳税额＝(5 000－5 000×20％)×20％＝800(元)

全年应纳税额＝800×12＝9 600(元)

12 200－9 600＝2 600(元)

该人按月纳税可避税 2 600 元。

分析要求：你认为这种筹划方案是否可行？如果可行，运用了何种税务筹划技术？

参考答案

一、名词解释

1. 税务筹划，是纳税人依据现行税法及相关法规（不限一地一国），遵循税收国际惯例，在遵守税法、尊重税法的前提下，根据税法中的“允许”、“不允许”以及“非不允许”的项目、内容等，对企业组建、经营、投资、筹资等活动进行的旨在减轻税负、有利于实现企业财务目标的谋划、对策与安排。

2. 节税，是在税法规定的范围内，当存在着多种税收政策、计税方法可供

选择时，纳税人以税负最低为目的，对企业经营、投资、筹资等经济活动进行的涉税选择行为。

3. 避税，是纳税人在熟知相关税境的税收法规的基础上，在不直接触犯税法的前提下，利用税法等有关法律的疏漏、模糊之处，通过对经营活动、融资活动、投资活动等涉税事项的精心安排，达到规避或减轻税负的行为。

4. 税负转嫁，是纳税人通过价格的调整与变动，将应纳税款转嫁给他人负担的过程。

二、单项选择题

1. A　　2. D　　3. B　　4. C　　5. A
6. A

三、多项选择题

1. ABCD　　2. ABCD　　3. ABC　　4. ABD　　5. BC
6. ABCD　　7. ABCDEF　　8. ABCD

四、案例题

案例分析：筹划方案可行。运用的是税务筹划的分割技术。

第 12 章 Chapter 12 税务筹划实务

学习目标

本章重点阐述了流转税类、所得税类等主要税种的税务筹划方法。通过本章的学习，应当掌握增值税、所得税等主要税种的税务筹划方法；理解企业重组的税务筹划；了解国际税务筹划的基本操作方法。

学习指导

1. 学习重点：增值税、企业所得税的税务筹划方法。
2. 学习难点：企业重组的税务筹划方法。

练习题

一、名词解释

国际税务筹划

二、单项选择题

1. 纳税人在对组织运输进行税务筹划时，当运费中所含物耗支出费用较大时，采取（　　），税负较轻。

A. 自营运输，按 17%的税率计算抵扣增值税

B. 外购运输，按 7%的税率计算抵扣增值税

C. 自营运输，按 6%的税率计算抵扣增值税

D. 外购运输，按 4%的税率计算抵扣增值税

2. 会计政策选择的税务筹划包括采用存货转出孰高法，主要考虑价格变动

因素。在预测购进货物价格下降的情况下，应当采用（　　）。

A. 个别计价法　　B. 加权平均法

C. 移动加权平均法　　D. 先进先出法

3. 在进行企业资本结构的税务筹划时，要考虑债务成本和权益资本各占多大的比例。负债成本具有挡避应税所得额的效应，而且负债比率与成本水平（　　），其节税作用越大。

A. 越高　　B. 越低　　C. 相等

4. 在对关联企业间资金拆借进行税务筹划时，为了防止企业利用关联方借款任意避税，我国税法对关联方借款费用的税前扣除进行了限制。《企业所得税税前扣除办法》规定，纳税人从关联方取得的借款金额超过其注册资本（　　）的，超过部分的利息支出，不得在税前扣除。

A. 15%　　B. 25%　　C. 45%　　D. 50%

三、多项选择题

1. 增值税两类纳税人身份的税务筹划，主要是利用（　　）判断法计算税负平衡点以决定身份的选择。

A. 退税率　　B. 成本利润率

C. 抵扣率　　D. 增值率

2. 纳税人对销售使用过的固定资产进行税务筹划时，考虑的税种有（　　）。

A. 增值税　　B. 营业税

C. 消费税　　D. 企业所得税

3. 一般纳税人采购货物时除了考虑获得的收益外，还应考虑税务筹划。其考虑的主要税种为（　　）。

A. 增值税　　B. 消费税

C. 营业税　　D. 企业所得税

4. 企业所得税税务筹划的主要方式有（　　）。

A. 会计政策选择的税务筹划

B. 选择减免税优惠开始年度的税务筹划

C. 捐赠的税务筹划

D. 企业集团汇总纳税的税务筹划

5. 目前，我国国内投资方向的税务筹划主要有（　　）。

A. 利用国家对高新技术产业的税收优惠政策进行税务筹划

B. 利用国家对兴办第三产业的税收优惠政策进行税务筹划

C. 利用国家对农业及相关服务行业的税收优惠政策进行税务筹划

D. 利用“三废”产品税收优惠政策进行税务筹划

E. 利用国家对福利生产企业的税收优惠政策进行税务筹划

F. 利用国家对其他特殊行业、企业的税收优惠政策进行税务筹划

四、案例题

案例1　折旧方法不同企业税负不同

内地某企业，逐年盈利，未享受企业所得税优惠政策，企业所得税税率为25%，2008年拟购进一项由于技术进步产品更新换代较快的固定资产，该项固定资产原值500万元，预计净残值20万元，预计使用寿命5年，与税法规定的折旧最低年限相同。根据税法规定，该项固定资产在折旧方面可享受税收优惠政策。假定按年复利利率10%计算，第1年至第5年的现值系数分别为：0.909，0.826，0.751，0.683，0.621。

分析要求：运用不同的折旧方法，分析该企业的所得税税负。

案例2　投资设厂：选择母子公司还是总公司与分公司

甲公司为了有效降低采购成本，在某市投资设立了上游企业丙公司，丙公司将生产的成品A产品销售给甲公司，作为甲公司的主要材料用于继续深加工；最后加工成B产品销售，B产品的加工周期较长，一般为2年。已知甲、丙公司均为增值税一般纳税人，增值税税率为17%，城建税税率为7%，教育费附加征收率为3%，企业未享受税收优惠政策，适用的企业所得税税率为25%。按2009年度财务预算分析，当年甲公司计划购入丙公司的A产品60 000万元，并全部投入用于加工B产品，预计至2012年才加工完成并销售。假定丙公司产品销售利润率为20%。甲公司2011年实现销售收入100 000万元，发生业务招待费800万元；丙公司2011年实现销售收入60 000万元，发生业务招待费100万元。

分析要求：选择怎样的投资模式可以降低税负？

案例3　无形资产转让中的筹划陷阱

华隆机械有限公司向海德实业有限公司出售G型生产线一套，同时进行技术转让，合同总额为1 800万元，其中设备款为1 200万元（含税价），专有技术费为500万元，专用技术辅导费为100万元。因此，按照现行政策规定，华隆机械有限公司应纳营业税为：

$$(500+100)\times 5\%=30(\text{万元})$$

有人向华隆机械有限公司财务人员建议：海德实业有限公司总共发生的1 800万元支出款项，华隆公司可以接受，但对于华隆公司来说，对这1 800万元分项订立合同意义不大。因此建议华隆公司销售部签订合同时，将专有技术

费 500 万元和专用技术辅导费 100 万元合并到设备价款中，其他服务同样提供给海德实业有限公司。他认为通过如此筹划，企业可以免缴营业税 30 万元，实现节税 30 万元。（这里不分析与此相关的城建税及教育费附加。）

分析要求：此筹划方案是否可行？并说明理由。

资料来源：庄粉荣：《润博税收筹划》，收入本书时略作删改，在此向原作者致谢。

案例 4 成套销售未必好

蓝天酒业有限公司生产各种酒，以适应不同消费者的需求，其经营范围主要包括粮食白薯类白酒、啤酒、果木酒等。春节临近，大部分消费者都以酒作为馈赠亲友的礼品。针对这种市场情况，公司于 2 月推出了“组合装礼品酒”的促销活动，将粮食白酒、薯类白酒和果木酒组成成套的礼品酒销售，该月共取得不含增值税的销售收入 45 万元，与上月销售收入大体相同，但是，2 月份公司应纳消费税税款却比上月明显增加，公司财务部门认为税务机关算错了，但税务机关坚持认为核算没有错误。

分析要求：蓝天酒业 2 月份多缴消费税的原因何在？有何启示？

资料来源：张中秀、汪昊：《纳税筹划宝典》，收入本书时略作删改，在此向原作者致谢。

参考答案

一、名词解释

国际税务筹划，是在不违反相关国家的有关法律以及国际公认准则的前提下，跨国纳税义务人为实现企业全球财务目标，而进行旨在使全球税务负担最小化的一种税务谋划或规划。

二、单项选择题

1. A　　2. D　　3. A　　4. D　　5.

三、多项选择题

1. BCD　　2. ABD　　3. ABD　　4. ABCD　　5. ABCDEF

四、案例题

案例 1

案例分析：

方案一：采取通常折旧方法：

企业不考虑税收优惠政策而按通常的年限平均法计提折旧，即将固定资产的应计折旧额均衡地分摊到固定资产预计使用寿命内。固定资产折旧年限 5 年，年折旧额为（500－20）÷5＝96 万元，累计折旧现值合计为：96×0.909＋96×0.826＋96×0.751＋96×0.683＋96×0.621＝363.84 万元，因折旧可税前扣除，相应抵税：363.84×25%＝90.96 万元。

方案二：采取缩短折旧年限方法：

企业选择最低折旧年限为固定资产预计使用寿命的 60%，则该固定资产最低折旧年限为 5×60%＝3 年，按年限平均法分析，年折旧额为：(500－20)÷3＝160 万元，累计折旧现值合计为：160×0.909＋160×0.826＋160×0.751＝397.76 万元。因折旧可税前扣除，相应抵税：397.76×25%＝99.44 万元。

方案三：采取双倍余额递减法：

即在不考虑固定资产预计净残值的情况下，根据每期期初固定资产原价减去累计折旧后的金额和双倍的直线法折旧率计算固定资产折旧。第 1 年折旧额为：500×2÷5＝200 万元，第 2 年折旧额为：(500－200)×2÷5＝120 万元，第 3 年折旧额为：(500－200－120)×2÷5＝72 万元，第 4 年、第 5 年折旧额为：(500－200－120－72－20)×2＝44 万元。累计折旧现值合计为：200×0.909＋120×0.826＋72×0.751＋44×0.683＋44×0.621＝392.368 万元。因折旧可税前扣除，相应抵税：392.368×25%＝98.092 万元。

方案四：采取年数总和法：

即将固定资产的原价减去预计净残值后的余额，乘以一个以固定资产可使用寿命为分子、以预计使用寿命逐年数字之和为分母的逐年递减的分数，计算每年的折旧额。

第 1 年折旧额＝(500－20)×5÷15＝160(万元)

第 2 年折旧额＝(500－20)×4÷15＝128(万元)

第 3 年折旧额＝(500－20)×3÷15＝96(万元)

第 4 年折旧额＝(500－20)×2÷15＝64(万元)

第 5 年折旧额＝(500－20)×1÷15＝32(万元)

累计折旧现值合计为：160×0.909＋128×0.826＋96×0.751＋64×0.683＋32×0.621＝386.848 万元，因折旧可税前扣除，相应抵税：386.848×25%＝96.712 万元。

对上述 4 种方案比较分析，采取缩短折旧年限或加速折旧方法，在固定资产预计使用寿命前期计提的折旧较多，因货币的时间价值效应，较采取通常折旧方法抵税效益明显。在上述 4 种方案中，方案一采取通常折旧方法抵税最少，方案二采取缩短折旧年限方法抵税最多，采取缩短折旧年限方法较正常折旧方法多抵税 8.48 万元（99.44－90.96）；方案三双倍余额递减法次之，采取双倍余额递减法较正常折旧方法多抵税 7.132 万元（98.092－90.96）；采取方案四年数总和法，较正常折旧方法多抵税 5.752 万元（96.712－90.96）。

案例 2

案例分析:

方案一，母子公司形式。甲公司及其投资设立的丙公司均为独立法人企业，独立承担债权债务和承担民事权利，独立纳税。丙公司销售 A 产品 60 000 万元给甲公司，以产品销售利润率 20%计算，当年实现利润总额 60 000×20%＝12 000万元，应缴企业所得税 12 000×25%＝3 000 万元；同时，因销售 A 产品应缴印花税 60 000×0.3‰＝18 万元；同样甲公司购入 A 产品应缴印花税 60 000×0.3‰＝18 万元；购销业务合计应缴印花税 18＋18＝36 万元。甲公司购入丙公司的 A 产品用于继续加工，加工周期较长，产成品在第二年才销售。增值税方面，因双方为增值税一般纳税人，在凭票扣税的政策下，发生的购销业务可及时抵扣，不存在时间差问题。

根据《企业所得税法实施条例》第四十三条规定，企业发生的与生产经营活动有关的业务招待费支出，按照发生额的 60%扣除，但最高不得超过当年销售（营业）收入的 5‰；甲公司发生业务招待费 800 万元，为此可税前扣除 800×60%＝480 万元（低于 100 000×5‰＝500 万元）；丙公司发生业务招待费 100 万元，可税前扣除 100×60%＝60 万元（低于 60 000×5‰＝300 万元）；两公司合计发生业务招待费 800＋100＝900 万元，可税前扣除的业务招待费 480＋60＝540 万元，招待费可抵税 540×25%＝135 万元。

方案二，总公司与分公司形式。丙公司作为甲公司的分公司，不能独立承担债权债务和承担民事权利，根据《国家税务总局关于企业处置资产所得税处理问题的通知》（国税函［2008］828 号）的规定，企业发生下列情形的处置资产，除将资产转移至境外以外，由于资产所有权在形式和实质上均不发生改变，可作为内部处置资产，不视同销售确认收入，相关资产的计税基础延续计算。(1) 将资产用于生产、制造、加工另一产品；(2) 改变资产形状、结构或性能；(3) 改变资产用途（如自建商品房转为自用或经营）；(4) 将资产在总机构及其分支机构之间转移；(5) 上述两种或两种以上情形的混合；(6) 其他不改变资产所有权属的用途。

甲公司使用分公司的产品，只作为内部处置资产，不视同销售确认收入，不计缴企业所得税；同时，因是总机构及其分支机构之间转移资产不需签订购销合同，不缴印花税。至于增值税，按照增值税有关规定，设有两个以上机构并实行统一核算的纳税人，将货物从一个机构移送到其他机构用于销售，但相关机构设在同一县（市）的除外，应视同销售，两家公司设在同一市区，增值税不需视同销售处理。

两公司合计发生业务招待费 100＋800＝900 万元，可税前扣除的业务招待费 100 000×5‰＝500 万元（低于 900×60%＝540 万元），业务招待费可抵税

500×25%=125 万元。

分析上述方案，很显然，方案二中，丙公司所销售的 A 产品的利润在 2011 年不计缴企业所得税，而是在 2012 年随着甲公司销售 B 产品，确认销售收入和甲公司实现的利润一并计税，相当于可延迟一年缴纳，按年利率 6%计算，可节约银行借款利息 3 000×6%=180 万元，可少缴印花税 36 万元；相对于方案一，两项合计税后多获利：(180+36)×(1−25%)=162 万元，但方案一比方案二在税前多扣除业务招待费，从而抵税 10 万元（135−125）。因此方案二较方案一税后多获利 162−10=152 万元，采取方案二较好。

案例 3

案例分析：从表面上看，以上筹划方案，将专有技术费和专用技术辅导费合计 600 万元合并到设备价款中，是少缴了营业税。但是，作为华隆机械有限公司整体的销售业务而言，销售 G 型生产线应该按 17%的适用税率计算缴纳增值税。如果将这笔业务的软硬件销售项目在合同上分别列示，在财务上分别核算，那么，华隆机械有限公司应缴纳增值税为：

$$1\ 200\div(1+17\%)\times17\%=174.36(万元)$$

加上销售专有技术费 500 万元，专用技术辅导费 100 万元应缴纳营业税 30 万元，华隆机械有限公司该项业务合计应缴纳的税款为 204.36 万元（174.36+30）。

但是如果将专有技术费和专用技术辅导费两项本来应该按照规定缴纳营业税的收入并入设备价款，就应缴纳增值税，两项合计应缴增值税额为：

$$1\ 200\div(1+17\%)\times17\%+(5\ 000+100)\div(1+17\%)\times17\%=261.54(万元)$$

按上述方案操作后，该公司实际增加税收负担 57.18 万元（261.54−204.36）。所以该方案实际没有达到降低该公司整体税负的目标，相反增加了税款流出。该方案是失败的。

能否实现降低甚至不缴营业税的目标应考虑下面的几个筹划思路：

其一，销售软件的企业，在销售有关设备的同时销售相关的专有技术和其他无形资产。我国现行税法规定，软件企业增值税的税收负担超过 3%时，实行即征即退政策，这显然比专门进行无形资产转让缴纳 5%的营业税要优惠。

其二，境外转让无形资产。如果国内企业销售设备，而与此相关的专有技术和辅助技术的转让活动是在中国境外发生的，或者技术服务包括境内和境外服务时，由于境外服务收入可免营业税，因此，应尽可能在合同中分清楚境内外收入，否则税务机关有权划分境内外比例或全部视同境内劳务征税。对于这种情况，只要有关企业操作得适当，与转让无形资产有关的流转税收是可以避免的。

其三，如果是出让旧设备，与之相关的专有技术或者辅助技术的转让可以合并在设备价款中销售。因为我国税法规定，符合条件的旧设备转让，按4%的征收率减半缴纳增值税，实际的税收负担率为2%，这比无形资产的转让适用5%的营业税率低3%。对于符合三个条件且低于原值固定资产的转让，免征增值税，如果将与此有关的专有技术或其他无形资产的价值包含其中，则可以免除该环节的税收负担。

案例 4

案例分析：此案例涉及企业兼营不同税率应税消费品的税务处理，《消费税暂行条例》对此进行了明确规定。企业兼营不同税率应税消费品应分别核算，不能分别核算的，税率从高。从高适用税率征收消费税，有两种情况：(1) 纳税人兼营不同税率应税消费品，未分别核算各自销售额；(2) 将不同税率应税消费品组成成套消费品销售的（即使分别核算也从高税率）。

此案例中，蓝天酒业有限公司生产销售不同税率的产品，粮食白酒和薯类白酒的税率为20%，果木酒的税率为10%，因此，属于兼营行为。

通过上述案例的分析，我们可以得到以下启示：

当企业生产不同种类应税消费品时，且这些应税消费品适用不同税率时，应当分别核算不同税率的应税消费品的销售额和销售数量。

第二部分

模拟试题及参考答案

模拟试题一

试题

一、单项选择题（15 分，每题 1 分）

1. 纳税人若因特殊困难，不能按期缴纳税款时，可以申请延期缴纳税款，延长期最长不超过（　　）个月。

A. 1　　B. 2　　C. 3　　D. 4

2. 税基指的是（　　）。

A. 计税单位　　B. 计税价格

C. 计税依据　　D. 应税所得

3. 下列属于视同销售行为的是（　　）。

A. 委托代销货物

B. 销售免税货物

C. 购买的货物用于集体福利

D. 购买的货物用于非应税货物

4. 某纳税人自产一批化妆品用于本企业职工福利，没有同类产品价格可以比照，需按组成计税价格计算缴纳消费税。其组成计税价格为（　　）。

A. (材料成本＋加工费)÷(1－消费税税率)

B. (成本＋利润)÷(1－消费税税率)

C. (材料成本＋加工费)÷(1＋消费税税率)

D. (成本＋利润)÷(1＋消费税税率)

5. 按中国海关现行规定，进出口货物完税后，如发现少征或者漏征税款，海关应当自缴纳税款或者货物放行之日起（　　）内，向发货人或者他们的代理人补征。

A. 半年　　B. 一年　　C. 二年　　D. 三年

6. 根据《营业税暂行条例》的规定，企业发生的下列各项业务中可免纳营业税的是（　　）。

A. 房地产开发公司预收购房定金

B. 运输企业销售货物并负责运输所售货物

C. 企业将闲置的设备出租给其他单位使用

D. 人民银行委托金融机构向企业贷款

7. 以下不属于资源税税目的是（　　）。

A. 原油　　B. 天然气　　C. 煤炭制品　　D. 固体盐

8. 某人一次性取得劳务报酬 2.1 万元，在计算个人所得税时，适用税率为（　　）。

A. 10%　　B. 30%　　C. 20%　　D. 40%

9. 纳税人建造普通标准住宅出售，增值额超过扣除标准项目金额 20%的，应就其（　　）按规定缴纳土地增值税。

A. 超过部分的金额　　B. 扣除项目金额

C. 全部增值额　　D. 出售金额

10. 下列不属于资源税纳税人的有（　　）。

A. 国有采油企业　　B. 集体采油企业

C. 中外合资采油企业　　D. 中外合作采油企业

11. 企业上缴以前月份欠缴的增值税额，会计分录是（　　）。

A. 借：应交税费——未交增值税

　　贷：银行存款

B. 借：应交税费——应交增值税（已交税金）

　　贷：银行存款

C. 借：应交税费——应交增值税（销项税额）

　　贷：银行存款

D. 借：应交税费——应交增值税（转出未交增值税）

　　贷：银行存款

12. 企业计提城市维护建设税时，通过（　　）账户核算。

A. “管理费用”　　B. “应交税费”

C. “营业税金及附加”　　D. “其他业务成本”

13. 企业按规定缴纳的车船税，应在（　　）账户中核算。

A. “管理费用”　　B. “营业税金及附加”

C. “主营业务成本”　　D. “销售费用”

14. 企业纳税年度发生的亏损，准予向以后年度结转，用以后年度的所得弥补，但结转年限最长不得超过（　　）年。

A. 5　　B. 6　　C. 8　　D. 10

15. 企业为开发新技术、新产品、新工艺发生的研究开发费用，未形成无形资产计入当期损益的，在按照规定据实扣除的基础上，按研究开发费用的（　　）加计扣除；形成无形资产的，按无形资产成本的150%摊销。

A. 150%　　B. 100%　　C. 50%　　D. 20%

二、多项选择题（20分，每题2分）

1. 下列属于纳税人权利的有（　　）。

A. 延期申报权　　B. 延期缴纳权

C. 多缴税款申请退还权　　D. 申请复议或提起诉讼权

2. 增值税一般纳税人销售下列货物时，不得开具增值税专用发票的有（　　）。

A. 销售报关出口的货物　　B. 销售代销货物

C. 直接销售给使用单位的汽车　　D. 销售免税货物

3. 我国海关规定，减免进出口关税的权限属于中央政府。关税减免形式主要包括（　　）。

A. 法定减免　　B. 特定减免　　C. 困难减免　　D. 临时减免

4. 转让国有土地使用权需缴纳的税种有（　　）。

A. 消费税　　B. 资源税

C. 土地增值税　　D. 营业税

5. 下列属于消费税征税范围的有（　　）。

A. 化妆品　　B. 烟厂生产卷烟

C. 护肤护发品　　D. 商店零售卷烟

6. 以下情况属于营业税应税劳务的有（　　）。

A. 单位或个人自建房后销售　　B. 单位将不动产无偿赠送他人

C. 金融机构进行货物期货买卖　　D. 非金融机构买卖外汇

7. 根据企业所得税法的规定，下列收入的确认正确的是（　　）。

A. 权益性投资收益，按照投资方取得投资收益的日期确认收入的实现

B. 利息收入，按照合同约定的债务人应付利息的日期确认收入的实现

C. 租金收入，按照实际收取租金的日期确认收入的实现

D. 特许权使用费收入，按照合同约定的特许权使用人应付特许权使用费的日期确认收入的实现

8. 城市维护建设税的税率为（　　）。

A. 7%　　B. 5%　　C. 3%　　D. 1%

9. 免、抵、退税方法适用于（　　）。

A. 有出口经营权的生产企业自营出口

B. 无出口经营权的生产企业自营出口

C. 生产企业委托外贸企业出口

D. 非生产性企业自营出口

10. 下列应税凭证中，采用定额税率征收印花税的有（　　）。

A. 产权转移书据　　B. 资金账簿

C. 其他账簿　　D. 权利许可证照

三、简答题（15 分，每题 5 分）

1. 简述计税单位和计税价格的含义。

2. 消费税的纳税环节有哪些?

3. 企业所得税法中，企业应纳税所得额如何确定？哪些项目不允许扣除?

四、计算题（15 分，每题 5 分）

1. 甲建筑工程公司（具备建筑行政部门批准的建筑业施工资质）下辖三个施工队、一个金属结构件工厂，当年经营业务如下：

（1）承包某建筑工程项目，并与建设方签订建筑工程施工总包合同，总包合同明确工程总造价 3 000 万元。其中，建筑业劳务费价款 1 000 万元；由甲建筑工程公司提供，并按市场价确定的金属结构件金额 500 万元（购进金属结构件（半成品）时取得相关的增值税专用发票，支付价款 300 万元）；建设方采购建筑材料等 1 500 万元。工程当年完工并进行了价款结算。

（2）建筑工程公司将其中 200 万元的建筑工程项目分包给 B 建筑工程公司（B 建筑工程公司为只提供建筑业劳务的单位）。

要求：按下列顺序回答问题：

（1）甲建筑工程公司总承包建筑工程应缴纳的营业税；

（2）甲建筑工程公司应缴纳的增值税；

（3）甲建筑工程公司应代扣代缴的营业税。

2. 某企业为增值税一般纳税人，当年 9 月从国外进口一批材料，货价 80 万元，买方支付购货佣金 2 万元，运抵我国输入地点起卸前运费及保险费 5 万元；从国外进口一台设备，货价 10 万元，境外运费和保险费 2 万元，与设备有关的软件特许权使用费 3 万元；企业缴纳进口环节相关税金后海关放行。材料关税税率 20%，设备关税税率 10%。计算该企业应纳的进口环节税金。

3. 假定某企业为居民企业，某年经营业务如下：

（1）取得销售收入 2 500 万元。

（2）销售成本 1 100 万元。

（3）发生销售费用 670 万元（其中广告费 450 万元），管理费用 480 万元（其中业务招待费 15 万元），财务费用 60 万元。

（4）销售税金 160 万元（含增值税 120 万元）。

（5）营业外收入 70 万元，营业外支出 50 万元（含通过公益性社会团体向贫困山区捐款 30 万元，支付税收滞纳金 6 万元）。

（6）计入成本、费用的实发工资总额 150 万元、拨缴职工工会经费 3 万元、支出职工福利费和职工教育经费 29 万元。

要求：计算企业该年度实际应纳的企业所得税。

五、业务题（35 分，其中第 1 题 10 分，第 2 题 15 分，第 3 题 10 分）

1. 某工厂为增值税一般纳税人，8 月份发生以下经济业务：

（1）购进材料 20 000 元，专用发票注明增值税 3 400 元，材料货款未付，尚未验收入库；

（2）销售 A 产品 16 台，售价 1 500 元/台，开出专用发票，商业汇票结算；

（3）销售 B 产品 25 台，售价 2 400 元/台，款已收到；

（4）因 A 产品质量问题，购货方退回 2 台，购货方已提供当地税务机关开具的"进货退出或索取折让证明单"；

（5）购进原材料 48 000 元，专用发票注明税款 8 160 元，货款已付，材料验收入库；

（6）销货方转来承运部门开具的运费发票，金额 4 500 元，其中装运费 600 元，款已支付。

要求：根据上述业务编制会计分录，计算当月应交增值税并编制会计分录（注：相关票据已通过主管税务机关认证）。

2. 彩蝶烟厂委托西凤烟厂加工卷烟用于销售，双方达成协议：彩蝶烟厂提供烟丝（消费税税率 30%）75 000 元，西凤烟厂收取加工费 30 000 元，增值税税额 5 100 元，西凤烟厂代收代缴消费税。彩蝶烟厂和西凤烟厂均为增值税一般纳税人。

要求：

（1）计算西凤烟厂代收代缴的消费税；

（2）编制彩蝶烟厂支付加工费及西凤烟厂代收消费税、西凤烟厂收到加工费及代收税金时的会计分录。

3. 某企业当年度共计拥有土地 65 000 平方米，其中子弟学校占地 3 000 平方米，幼儿园占地 1 200 平方米，企业内部绿化占地 2 000 平方米。2011 年度的上半年企业共有房产原值 4 000 万元，7 月 1 日起企业将原值 200 万元、占地面积 400 平方米的一栋仓库出租给某商场存放货物，租期 1 年，每月租金 1.5 万元。8 月 10 日对委托施工单位建设的生产车间办理验收手续，由在建工程转入固定资产原值 500 万元。企业房产税按年计算，分月预缴（城镇土地使用税 4 元/平方米，房产税计算余值的减除比例为 20%）。

要求：计算该企业当年应缴纳的城镇土地使用税和房产税，并编制相关的会计分录。

参考答案

一、单项选择题

1. C	2. C	3. A	4. B	5. D
6. D	7. C	8. B	9. C	10. A
11. C	12. C	13. A	14. A	15. A

二、多项选择题

1. ABCD	2. ACD	3. ABD	4. CD	5. AB
6. ABC	7. BD	8. ABD	9. AC	10. CD

三、简答题

答案略。

四、计算题

1.

(1) 甲公司总承包建筑工程应纳营业税＝(3 000－500－200)×3%
＝69(万元)

(2) 甲公司应纳增值税＝500÷(1＋17%)×17%－300×17%
＝21.65(万元)

(3) 甲公司代扣代缴营业税＝200×3%＝6(万元)

2.

(1) 应纳关税＝(80＋5)×20%＋(10＋2＋3)×10%＝18.5(万元)

(2) 应纳增值税＝(80＋5)×(1＋20%)×17%＋(10＋2＋3)×(1＋10%)×17%
＝20.15(万元)

3.

(1) 会计利润总额＝2 500＋70－1 100－670－480－60－40－50
＝170(万元)

(2) 广告费和业务宣传费调增所得额＝450－2 500×15%＝450－375
＝75(万元)

(3) 业务招待费调增所得额＝15－15×60%＝15－9＝6(万元)
2 500×5‰＝12.5(万元)>15×60%＝9(万元)

(4) 捐赠支出应调增所得额＝30－170×12%＝9.6(万元)

(5) “三费”应调增所得额＝3＋29－150×18.5%＝4.25(万元)

(6) 应纳税所得额＝170＋75＋6＋9.6＋6＋4.25＝270.85(万元)

(7) 企业该年度应缴企业所得税＝270.85×25%＝67.71(万元)

五、业务题

1. (1) 借：在途物资 20 000
   应交税费——应交增值税（进项税额） 3 400
  贷：应付账款 23 400

(2) 借：应收票据 28 080
  贷：主营业务收入 24 000
   应交税费——应交增值税（销项税额） 4 080

(3) 借：银行存款 70 200
  贷：主营业务收入 60 000
   应交税费——应交增值税（销项税额） 10 200

(4) 借：应收票据 [3 510]
  贷：主营业务收入 [3 000]
   应交税费——应交增值税（销项税额） [510]

(5) 借：原材料 48 000
   应交税费——应交增值税（进项税额） 8 160
  贷：银行存款 56 160

(6) 运输费中允许抵扣的进项税额＝(4 500－600)×7%＝273(元)
 借：原材料 4 227
   应交税费——应交增值税（进项税额） 273
  贷：银行存款 4 500

(7) 当月应缴增值税＝(4 080＋10 200－510)－(3 400＋8 160＋273)
＝1 937(元)
 借：应交税费——应交增值税（转出未交增值税） 1 937
  贷：应交税费——未交增值税 1 937

2. (1) 西凤烟厂代收代缴的消费税＝(75 000＋30 000)÷(1－30%)×30%
＝45 000(元)

(2) 彩蝶烟厂支付加工费时。
 借：委托加工物资 30 000
   应交税费——应交增值税（进项税额） 5 100
  贷：银行存款 35 100

彩蝶烟厂代收消费税时。
 借：委托加工物资 45 000
  贷：银行存款 45 000

西凤烟厂收到加工费时。

借：银行存款　35 100

　贷：其他业务收入　30 000

　　　应交税费——应交增值税（销项税额）　5 100

西凤烟厂收到代扣税金时。

借：银行存款　45 000

　贷：应交税费——应交消费税　45 000

3.

（1）当年应缴纳的城镇土地使用税为：

(65 000－3 000－1 200)×4＝243 200(元)

计提税金时。

借：管理费用　243 200

　贷：应交税费——应交土地使用税　243 200

上缴时。

借：应交税费——应交土地使用税　243 200

　贷：银行存款　243 200

（2）当年应缴纳的房产税：

①按房产余值计算 1—6 月份应纳房产税：

年应纳税额＝4 000×(1－20％)×1.2％＝38.4(万元)

月应纳税额＝38.4÷12＝3.2(万元)

②按房产余值计算 7—12 月份应纳房产税：

年应纳税额＝(4 000－200)×(1－20％)×1.2％＝36.48(万元)

月应纳税额＝36.48÷12＝3.04(万元)

③按房产租金收入计算 7—12 月份应纳房产税：

年应纳税额＝1.5×12％×6＝1.08(万元)

月应纳税额＝1.08÷6＝0.18(万元)

④按房产余值计算 9—12 月份在建工程应纳房产税：

年应纳税额＝500×(1－20％)×1.2％÷12×4＝1.6(万元)

月应纳税额＝0.4(万元)

全年应纳房产税＝38.4＋36.48＋1.08＋1.6＝77.56(万元)

账务处理如下：

预提 1—6 月份房产税时。

借：管理费用　32 000

贷：应交税费——应交房产税　　32 000

预提 7—12 月份房产税时。

借：管理费用　　32 200

贷：应交税费——应交房产税　　32 200

预提 9—12 月份委托施工企业建设的房屋应交房产税时。

借：管理费用　　4 000

贷：应交税费——应交房产税　　4 000

模拟试题二

试题

一、单项选择题（15 分，每题 1 分）

1. 按照现行规定，下列应被认定为小规模纳税人的情况是（　　）。

A. 年不含税销售额在 110 万元以上的从事货物生产的纳税人

B. 年不含税销售额 200 万元以上的从事货物批发的纳税人

C. 年不含税销售额为 80 万元以下，会计核算制度健全的从事货物零售的纳税人

D. 年不含税销售额为 90 万元以下，会计核算制度健全的从事货物生产的纳税人

2. 一位客户向某汽车制造厂（增值税一般纳税人）定购自用汽车一辆，支付货款（含税）250 800 元，另付设计、改装费 30 000 元。该辆汽车计征消费税的销售额为（　　）元。

A. 214 359　　B. 240 000　　C. 250 800　　D. 280 800

3. 自 2003 年 1 月 1 日起，以不动产投资入股，参与接受投资方利润分配，共同承担投资风险的行为，不征营业税。投资后转让其股权的收入（　　）。

A. 应征收营业税　　B. 减半征收营业税

C. 也不征营业税　　D. 暂缓征收营业税

4. 某年 9 月 1 日，某公司由于承担国家重要工程项目，经批准免税进口了一套电子设备。使用 2 年后项目完工，2 年后的 8 月 31 日，公司将该设备出售给了国内另一家企业。该电子设备的到岸价格为 300 万元，关税税率为 10%，海关规定的监管年限为 5 年，按规定公司应补缴关税（　　）万元。

A. 12　　B. 15　　C. 18　　D. 30

5. 某纳税人本期以自产液体盐 50 000 吨和外购液体盐 10 000 吨（每吨已缴

纳资源税 5 元）加工固体盐 12 000 吨对外销售，取得销售收入 600 万元。已知固体盐税额为每吨 30 元，该纳税人本期应缴纳资源税（　　）万元。

A. 36　　B. 61　　C. 25　　D. 31

6. 房地产开发企业只能扣除“两税一费”，非房地产开发企业扣除“三税一费”。房地产开发企业在确定土地增值税的扣除项目时，允许单独扣除的税金是（　　）。

A. 营业税、印花税　　B. 房产税、城市维护建设税

C. 营业税、城市维护建设税　　D. 印花税、城市维护建设税

7. 某公司与政府机关共同使用一栋共有土地使用权的建筑物。该建筑物占用土地面积 2 000 平方米，建筑物面积 10 000 平方米（公司与机关的占用比例为 4∶1)，该公司所在市城镇土地使用税单位税额每平方米 5 元。该公司应纳城镇土地使用税（　　）元。

A. 0　　B. 2 000　　C. 8 000　　D. 10 000

8. 某企业有一处房产原值 1 000 万元，当年 7 月 1 日用于投资联营（收取固定收入，不承担联营风险），投资期为 5 年。已知该企业当年取得固定收入 50 万元，当地政府规定的扣除比例为 20%。该企业当年应缴纳房产税（　　）万元。

A. 6　　B. 9.6　　C. 10.8　　D. 15.6

9. 农村某村民新建住宅，经批准占用耕地 200 平方米。该地区耕地占用税额为 7 元/平方米，则该农民应纳耕地占用税（　　）元。

A. 0　　B. 700　　C. 1 400　　D. 1 500

10. 某建筑公司与甲企业签订一份建筑承包合同，合同金额 6 000 万元（含相关费用 50 万元）。施工期间，甲企业又将其中价值 800 万元的安装工程转包给乙企业，并签订转包合同。该建筑公司此项业务应缴纳印花税（　　）万元。

A. 1.785　　B. 1.80　　C. 2.025　　D. 2.04

11. 某企业 2011 年 12 月接受捐赠设备一台，收到的增值税专用发票上注明价款 10 万元，增值税 1.7 万元，企业另支付安装调试费用 0.5 万元，运输费用 0.8 万元，该项受赠资产应缴企业所得税为（　　）万元。

A. 3.32　　B. 2.925　　C. 4.03　　D. 4.29

12. 企业转让国有土地使用权连同地上建筑物及其附着物，应通过（　　）账户核算。

A.“固定资产清理”　　B.“营业外收入”

C.“营业外支出”　　D.“固定资产”

13. 现行消费税的计税依据是（　　）。

A. 含消费税而不含增值税的销售额

B. 含消费税且含增值税的销售额

C. 不含消费税而含增值税的销售额

D. 不含消费税也不含增值税的销售额

14. 所得税的汇算清缴一般属于财务会计中的资产负债表日后事项。对资产负债表日后事项中的调整事项，凡涉及上年度损益调整的事项，均应通过（　　）账户调整纳税年度的利润，并计算由此影响的企业所得税额，进行所得税的退补。

A.“以前年度损益调整”　　B.“本年利润”

C.“利润分配——未分配利润”　　D.“所得税费用”

15. 外贸企业自营出口，计算不予退税的税额时，应贷记的科目是（　　）。

A.“应交税费——应交增值税（出口退税）”

B.“主营业务收入”

C.“应交税费——应交增值税（进项税额转出）”

D.“主营业务成本”

二、多项选择题（20 分，每题 2 分）

1. 下列税种中，使用定额税率的有（　　）。

A. 城镇土地使用税　　B. 土地增值税

C. 车船税　　D. 矿产品资源税

2. 下列各项中属于视同销售行为应当计算销项税额的有（　　）。

A. 将自产的货物用于非应税项目　　B. 将购买的货物委托外单位加工

C. 将购买的货物无偿赠送他人　　D. 将购买的货物用于集体福利

3. 根据税法规定，下列说法正确的有（　　）。

A. 凡是征收消费税的消费品都征收增值税

B. 凡是征收增值税的货物都征收消费税

C. 应税消费品征收增值税的，其税基含有消费税

D. 应税消费品征收消费税的，其税基不含有增值税

4. 下列各项中，属于营业税扣缴义务人的有（　　）。

A. 向境外联运企业支付运费的国内运输企业

B. 境外单位在境内发生应税行为而境内未设机构的，其代理人或购买者

C. 个人转让专利权的受让人

D. 分保险业务的初保人

5. 下列各项中，属于关税法定纳税义务人的有（　　）。

A. 进口货物的收货人　　B. 进口货物的代理人

C. 出口货物的发货人　　D. 出口货物的代理人

6. 下列各项中，不属于土地增值税征税范围的有（　　）。

A. 以房地产抵债而尚未发生房地产权属转让的

B. 以房地产抵押贷款而房地产尚在抵押期间的

C. 被兼并企业的房地产在企业兼并中转让到兼并方的

D. 双方以出地、出资方式合作建房，建成后又转让给其中一方的

7. 下列各项中，应当征收印花税的项目有（　　）。

A. 产品加工合同　　B. 法律咨询合同

C. 技术开发合同　　D. 出版印刷合同

8. 下列各项中，应当征收契税的有（　　）。

A. 以房产抵债　　B. 将房产赠与他人

C. 以房产作投资　　D. 子女继承父母房产

9. 企业不提供与其关联方之间业务往来资料的，税务机关有权按照下列（　　）方法核定其应纳税所得额。

A. 参照同类或类似企业的利润率水平核定

B. 按照企业合理的费用加利润的方法核定

C. 按照关联企业集团整体利润的合理比例核定

D. 按照企业成本加合理的费用和利润的方法核定

10. 先计后退所得税的会计处理，下列正确的会计分录是（　　）。

A. 借：所得税费用

　　贷：应交税费——应交所得税

B. 借：应交税费——应交所得税

　　贷：盈余公积

C. 借：应交税费——应交所得税

　　贷：资本公积

D. 借：应交税费——应交所得税

　　贷：银行存款

三、简答题（15 分，第 1 小题 7 分，第 2 小题 8 分）

1. 计算消费税时有几种组成计税价格？各适用什么情况？

2. 简述资产负债表债务法的含义和特点。

四、计算题（20 分，第 1 题 8 分，第 2 题 5 分，第 3 题 7 分）

1. 某中外合资化妆品公司（增值税一般纳税人）9 月发生以下业务：

（1）购进香水精，取得的增值税专用发票上注明价款 30 万元，本月货到并验收入库。

（2）用上述购进的 10 万元香水精，委托一日化厂加工化妆品，本月收回并支付加工费及增值税金，日化厂代收代缴了消费税，并开具了增值税专用发票，

注明加工费 6 万元（包括代垫辅料 1 万元）。

（3）该公司将收回的化妆品 80％售给某特约经销商，开具的增值税专用发票上注明价款 40 万元，货款已收到。

（4）另领用外购香水精 18 万元，领用委托加工收回的化妆品 2 万元，生产成套化妆品售出，专用发票已开出，注明价款 90 万元，货已发出，并办妥银行托收手续。

要求：

（1）计算化妆品公司应纳增值税、消费税税额。

（2）计算日化厂应纳增值税、消费税税额（化妆品税率为 30％）。

2. 某市商业银行当年第 2 季度有关业务资料如下：

（1）向生产企业贷款取得利息收入 600 万元，逾期贷款的罚息收入 8 万元。

（2）为电信部门代收电话费取得手续费收入 14 万元。

（3）从事债券买卖业务，购入 A 债券，买价 50 万元，购入 B 债券，买价 80 万元，共支付相关费用和税金 1.3 万元；当月又将债券卖出，A 债券卖价 55 万元，B 债券卖价 78 万元，共支付相关费用和税金 1.33 万元。

（4）受某公司委托发放贷款，金额 5 000 万元，贷款期限 2 个月，年利息率 4.8％，银行按贷款利息收入的 10％收取手续费。

要求：计算该银行当年第 2 季度应缴纳和应代扣代缴的营业税。

3. 某房地产开发公司当年发生以下业务：

（1）开发普通标准住宅对外出售，按转让产权转移书据上列明的金额共取得收入 4 000 万元。

（2）支付取得土地使用权的金额 800 万元。

（3）开发成本 1 500 万元。

（4）向银行借款 2 000 万元，年利率 4％，向非银行金融机构借款 800 万元，支付利息 60 万元，均能按转让房地产项目分摊利息并提供金融机构证明；管理费用 200 万元，销售费用 100 万元，除利息外允许扣除的比例为税法规定的最高标准。

要求：计算该公司全年应缴纳的有关税金。

五、业务题（30 分，第 1 题 12 分，第 2 题 10 分，第 3 题 8 分）

1. 某家用电器商场为增值税一般纳税人。当年 10 月份发生如下经济业务：

（1）销售特种空调取得含税销售收入 160 000 元，同时提供安装服务收取安装费 20 000 元，款项已存入银行。

（2）销售电视机 80 台，每台含税零售单价为 2 400 元，每售出一台可取得厂家给予的返利收入 200 元，款项已存入银行。

（3）当月该商场其他商品含税销售额为 175 500 元，款项已存入银行。

(4) 购进热水器 50 台，不含税单价 800 元，货款已付；购进 DVD 播放机 100 台，不含税单价 600 元。两项业务取得的增值税专用发票均已经税务机关认证，有 40 台 DVD 播放机未向厂家付款。

(5) 购置税控收款机一台，取得的增值税专用发票上注明的价款 70 000 元，增值税税额 11 900 元。

(6) 有 10 台上月售出的彩电，因质量问题顾客要求退货（原零售价每台 3 000元），商场已将彩电退回厂家（原购进的不含税价格每台 2 500 元），并提供了税务机关开具的证明单，已取得厂家开出的红字专用发票。

(7) 该商场 9 月份有未抵扣进项税额 6 000 元。

要求：根据以上经济业务编写会计分录。

2. 某卷烟厂 1 月份外购烟丝价款 100 000 元，月初库存外购已税烟丝70 000 元，月末库存外购已税烟丝 30 000 元，当月以外购烟丝生产卷烟的销售为 30 个标准箱，每标准条调拨价格 40 元，共计 300 000 元。

注：卷烟每标准条调拨价 70 元（含）以上，税率 56%，70 元以下，税率 36%；卷烟每标准箱 150 元；烟丝税率 30%。

要求：做出有关消费税的会计处理。

3. 某商贸公司为增值税一般纳税人，并具有进出口经营权。当年 3 月从国外进口小轿车 1 辆，支付买价 400 000 元、相关费用 30 000 元，支付到达我国海关前的运输费用 40 000 元、保险费用 20 000 元。

要求：根据上述业务计算小轿车在进口环节应缴纳的关税、消费税和增值税，并做出相关的会计处理。

注：关税税率 20%，消费税税率 8%。

参考答案

一、单项选择题

1. C　2. B　3. C　4. C　5. D
6. C　7. C　8. C　9. B　10. D
11. B　12. A　13. A　14. A　15. C

二、多项选择题

1. ACD　2. AC　3. ACD　4. BCD　5. AC
6. ABC　7. ACD　8. ABC　9. AD　10. ABC

三、简答题

答案略。

四、计算题

1. (1) 化妆品公司具有增值税和消费税的纳税义务。

应纳增值税＝(40＋90)×17%－30×17%－1.02＝15.98(万元)

应纳消费税＝90×30%－18×30%－2×30%＝21(万元)

（2）日化厂提供加工劳务应纳增值税；受托加工应税消费品，应代收代缴消费税。

代收代缴消费税＝(10＋6)÷(1－30%)×30%＝6.86(万元)

应纳增值税＝6×17%＝1.02(万元)

2.

（1）银行应缴纳营业税。

向生产企业贷款应纳营业税＝(600＋8)×5%＝30.4(万元)

手续费收入应纳营业税＝(14＋5 000×4.8%÷12×2×10%)×5%
＝0.9(万元)

有价证券买卖应纳营业税＝[(55－50)＋(78－80)]×5%＝0.15(万元)

（2）银行应代扣代缴营业税＝5 000×4.8%÷12×2×5%＝2(万元)

3.

（1）应纳营业税＝4 000×5%＝200(万元)

（2）应纳城市维护建设税＝200×7%＝14(万元)

应纳教育费附加＝200×3%＝6(万元)

（3）应纳印花税＝4 000×0.5‰＝2(万元)

（4）应纳土地增值税：

扣除项目金额＝800＋1 500＋(2 000＋800)×4%＋(800＋1 500)×5%
＋(200＋14＋6)＋(800＋1 500)×20%
＝3 207(万元)

增值额＝4 000－3 207＝793(万元)

增值率＝793÷3 207×100%≈25%

应纳土地增值税＝793×30%＝237.9(万元)

（5）应纳企业所得税＝[4 000－800－1 500－(2 000＋800)×4%－200－100
－(200＋14＋6＋237.9)]×25%
＝207.52(万元)

五、业务题

1.

（1）借：银行存款	180 000
贷：主营业务收入	136 752.14
其他业务收入	17 094.02

应交税费——应交增值税（销项税额） 26 153.84

（2）销售电视机，会计分录如下：

借：银行存款 192 000

贷：主营业务收入 164 102.56

应交税费——应交增值税（销项税额） 27 897.44

取得厂家给予的返利收入。

从厂家取得的返还资金＝80×200＝16 000(元)

应冲减进项税额＝16 000÷(1＋17%)×17%＝2 324.79(元)

借：银行存款 16 000

贷：主营业务成本 13 675.21

应交税费——应交增值税（进项税额转出） 2 324.79

（3）借：银行存款 175 500

贷：其他业务收入 150 000

应交税费——应交增值税（销项税额） 25 500

（4）①购进热水器 50 台，会计分录如下：

借：在途物资 40 000

应交税费——应交增值税（进项税额） 6 800

贷：银行存款 46 800

②购进 DVD，会计分录如下：

借：在途物资 60 000

应交税费——应交增值税（进项税额） 10 200

贷：银行存款 42 120

应付账款 28 080

（5）借：固定资产——税控收款机 70 000

应交税费——应交增值税（进项税额） 11 900

贷：银行存款 81 900

（6）销货退回，会计分录如下：

借：主营业务收入 25 641.03

应交税费——应交增值税（销项税额） 4 358.97

贷：银行存款 30 000

商场将彩电退回厂家，会计分录如下：

借：银行存款 29 250

贷：库存商品 25 000

应交税费——应交增值税（进项税额） 4 250

(7) 不做会计处理。

2. 当月准予扣除的外购应税消费品买价＝100 000＋70 000－30 000
＝140 000(元)

当月准予扣除的外购应税消费品已纳税额＝140 000×30%
＝42 000 (元)

当月应纳消费税税额＝30×150＋300 000×36%－42 000＝70 500 (元)

外购烟丝，会计分录如下：

借：待扣税金——待扣消费税 (100 000×30%)　　30 000
　贷：银行存款　　30 000

销售时计提消费税。

应纳消费税＝30×150＋300 000×36%＝112 500(元)

借：营业税金及附加　　112 500
　贷：应交税费——应交消费税　　112 500

当月准予抵扣消费税时。

借：应交税费——应交消费税　　42 000
　贷：待扣税金——待扣消费税　　42 000

当月上缴消费税时。

借：应交税费——应交消费税　　70 500
　贷：银行存款　　70 500

3. (1) 进口关税的计算。

进口小轿车应纳关税＝(400 000＋30 000＋40 000＋20 000)×20%
＝98 000(元)

(2) 进口小轿车消费税的计算。

进口小轿车应纳消费税＝(400 000＋30 000＋40 000＋20 000＋98 000)
÷(1－8%)×8%
＝51 130.43(元)

(3) 进口小轿车增值税的计算。

进口小轿车应纳增值税＝(400 000＋30 000＋40 000＋20 000＋98 000)
÷(1－8%)×17%
＝108 652.17(元)

借：固定资产　　747 782.6
　贷：银行存款　　747 782.6

模拟试题三

试题

一、单项选择题（15 分，每题 1 分）

1. 我国目前采用定额税率的税种是（　　）。

A. 房产税　　B. 营业税　　C. 增值税　　D. 车船税

2. 根据《增值税暂行条例》的规定，下列各项中，不需缴纳增值税的有（　　）。

A. 将自产的货物抵偿债务　　B. 将购买的货物用于投资

C. 将自建的厂房对外转让　　D. 将自产的货物用于集体福利

3. 某自行车厂某月产的 100 辆自行车被盗，每辆成本为 300 元（材料成本占 65%），每辆对外销售额为 500 元（不含税），则本月进项税额的抵减额为（　　）元。

A. 3 315　　B. 5 100　　C. 6 103　　D. 7 140

4. 对于从价征收消费税的应税消费品，计税销售额需要以组成计税价格确定时，下列公式错误的是（　　）。

A. 生产销售环节组成计税价格＝[成本×（1＋成本利润率）]÷（1－消费税税率）

B. 进口环节组成计税价格＝（关税完税价格＋关税）÷（1＋消费税税率）

C. 进口环节组成计税价格＝关税完税价格＋关税＋消费税

D. 委托加工环节组成计税价格＝（材料成本＋加工费）÷（1－消费税税率）

5. 某公园本月取得门票收入和游艺场经营收入 300 000 元，没有分别核算。同时，给某民间艺术团表演提供场地取得收入 50 000 元，则该公园本月应纳营业税额为（　　）元。

A. 11 500　　B. 17 500　　C. 62 500　　D. 70 000

6. 某县城一生产企业为增值税一般纳税人。本期进口原材料一批，向海关缴纳进口环节增值税 10 万元；本期在国内销售甲产品缴纳增值税 30 万元、消费税 50 万元，由于缴纳消费税时超过纳税期限 10 天，被罚滞纳金 1 万元；本期出口乙产品一批，按规定退回增值税 1 万元；本期出口乙产品一批，按规定退回增值税 5 万元。该企业本期应缴纳城市维护建设税（　　）万元。

A. 4.55　　B. 4　　C. 4.25　　D. 5.6

7. 出口货物关税完税价格为（　　）。

A. 离岸价格

B. 离岸价格÷(1+出口税率)

C. 离岸价格÷(1−出口税率)

D. (离岸价格+运输费+保险费)÷(1+出口税率)

8. 某矿山 5 月开采铜矿石 20 000 吨，没有原矿销售，入选精矿 3 000 吨，选矿比 30%，铜矿单位税额 1.2 元/吨，其当月应纳资源税为（　　）元。

A. 24 000　　B. 3 600　　C. 12 000　　D. 8 400

9. 纳税人是自然人且转让房地产坐落地与其居住地不一致时，在（　　）税务机关申报缴纳房产税。

A. 依据所在地　　B. 房地产坐落地

C. 办理过户手续所在地　　D. 自行选择纳税地点

10. 城镇土地使用税的缴纳期限规定为（　　）。

A. 按年计算，分期缴纳　　B. 按年征收，分期缴纳

C. 按年计算，分季缴纳　　D. 按年征收，分季缴纳

11. 关于车船税的纳税义务发生时间，以下描述正确的是（　　）。

A. 取得车船所有权的次月起

B. 取得车船管理权的次月起

C. 取得车船所有权的当月

D. 购买车船发票所载日期的次月

12. 在应纳税凭证上未贴或少贴印花税票的，由税务机关追缴其不缴或者少缴的税款、滞纳金，并处不缴或者少缴税款（　　）的罚款。

A. 50%以上 5 倍以下　　B. 1～5 倍

C. 5 倍以下　　D. 5 倍或者 2 000～10 000 元

13. 某工业企业当年度全年销售收入为 1 000 万元，房屋出租收入 100 万元，提供加工劳务收入 50 万元，变卖固定资产收入 30 万元，视同销售收入 100 万元，当年发生业务招待费 10 万元。则该企业当年度所得税前可以扣除的业务招待费用为（　　）万元。

A. 6　　B. 6.25　　C. 4.75　　D. 3.75

14. 根据企业所得税法的规定，下列收入中不征企业所得税的是（　　）。

A. 金融债券利息收入

B. 非营利组织从事生产经营活动的收入

C. 已做坏账损失处理后又收回的应收账款

D. 依法收取并纳入财政管理的政府性基金

15. 因纳税人、扣缴义务人的计算失误等，未缴或者少缴税的，税务机关在3年内可以追征税款、滞纳金；有特殊情况的，追征期可以延长到（　　）年。

A. 5　　B. 6　　C. 8　　D. 10

二、多项选择题（20分，每题2分）

1. 税收的特征主要表现在三个方面（　　）。

A. 强制性　　B. 无偿性　　C. 固定性　　D. 有偿性

2. 以下不得开具专用发票的情况有（　　）。

A. 向消费者销售应税项目

B. 销售免税项目

C. 销售报关出口的货物、在境外销售应税劳务

D. 将货物用于非应税项目

3. 某增值税一般纳税人为生产酒类产品的企业，该企业销售自产粮食白酒收取包装物押金的正确处理为（　　）。

A. 逾期1年以上的并入销售额缴纳增值税

B. 逾期1年以上的并入销售额缴纳消费税

C. 无论是否返还均并入销售额缴纳增值税

D. 无论是否返还均并入销售额缴纳消费税

4. 下列关于金融保险业营业税计税依据的说法中，表述不正确的有（　　）。

A. 境内的保险人将其承保的以境内标的物为保险标的保险业务向境外再保险人办理分保的，以全部保费收入为营业额

B. 金融经纪业以手续费收入为营业额

C. 转让股票以卖出股票的全部收入为营业额

D. 保险公司的无赔款奖励，不应从计税营业额中扣减

5. 关税征收管理规定中，关于补征和追征的期限为（　　）。

A. 补征期1年内　　B. 追征期1年内

C. 补征期3年内　　D. 追征期3年内

6. 下列各项中属于土地增值税征税范围的有（　　）。

A. 出让国有土地使用权　　B. 城市房地产的出租

C. 转让国有土地使用权　　D. 国有企业房地产的交换

7. 下列免贴印花的项目有（　　）。

A. 企业债权转股权新增加的资金

B. 企业盈余公积转增资本而增加的资金

C. 公司制改造中重办法人登记的新企业新启用的未增加资金的账簿

D. 企业因改制签订的产权转移书据

8. 按照企业所得税法的规定，下列项目中，不能从应纳税所得额中扣除的有（　　）。

A. 企业支付的违约金

B. 企业之间支付的管理费

C. 企业内营业机构之间支付的租金

D. 非银行企业内营业机构之间支付的利息

9. 下列项目中，属于企业所得税优惠政策的有（　　）。

A. 企业的固定资产由于技术进步等原因，可以缩短折旧年限

B. 非居民企业减按 15%的所得税税率征收企业所得税

C. 企业购置并实际使用环境保护专用设备的投资，可以按照投资额的 70%抵扣应纳税所得额

D. 企业为开发新技术、新产品、新工艺发生的研究开发费用，形成无形资产的，按照无形资产成本的 150%摊销

10. 企业支付给个人的劳务报酬、特许权使用费、稿费、财产租赁费，一般由支付单位作为扣缴义务人向纳税人扣缴税款，并记入该企业的有关期间费用账户。企业在支付上述费用时，借记的账户有（　　）。

A. “管理费用”　　B. “财务费用”

C. “销售费用”　　D. “应付股利”

三、简答题（15 分，每题 5 分）

1. 简述纳税人的权利与义务。

2. 简述增值税两类纳税人的划分标准。

3. 简述暂时性差异的内容和含义。

四、计算题（15 分，每题 5 分）

1. 某自营出口的生产企业为增值税一般纳税人，出口货物的征收率为 17%，退税率为 13%。某年 4 月的有关业务如下：购进原材料一批，取得的增值税发票注明价款 200 万元，外购货物准予抵扣的进项税额 34 万元，货已验收入库。上月末留抵税款 3 万元；本月内销货物不含税销售额 100 万元，收款 117 万元存入银行；本月出口货物的销售额折合人民币 200 万元。

要求：计算该企业当期的免抵退税额。

2. 某旅行社某年某月有如下业务：(1) 组织旅游团去国内 A 地旅游，共收

取旅客费用 50 000 元；（2）支付给 A 地旅馆住宿费 10 000 元，支付旅客餐费 6 000元，支付旅游景点门票费 1 000 元，支付租赁的客车租金 500 元；（3）代理保险公司给每位旅行者办理保险一份，收取代理手续费 3 000 元；（4）当月支付办公室房租月租金和物业费 1 500 元；（5）根据税务局安排购买税控机一台，价值1 200元。

要求：计算该旅行社当月应纳营业税。

3. 某企业 2011 年度有关资料如下：

（1）实收资本比 2010 年增加 100 万元；新开立账簿 6 本。

（2）与租赁公司签订融资租赁合同，合同金额 300 万元，年利率 5%。

（3）与甲公司签订以货换货合同，本企业货物价值 350 万元，甲公司货物价值 450 万元。

（4）与乙公司签订委托加工合同，本企业提供价值 80 万元的原材料和价值 15 万元的辅助材料并收加工费 20 万元。

（5）与丙公司签订技术转让合同，转让收入由丙公司按 2011—2013 年实现利润的 30%支付。

（6）与货运公司签订运输合同，载明运输费用 8 万元（其中含装卸费 0.5 万元）。

（7）与铁路部门签订运输合同，载明运输费及保管费共计 20 万元。

要求：逐项计算该企业 2011 年应缴纳的印花税。

五、业务题（35 分，第 1 题 15 分，第 2 题 10 分，第 3 题 10 分）

1. 某电冰箱生产企业当年 5 月发生下列业务：

（1）从废旧物品回收公司购入废布一批，用于生产过程中的清洁，取得普通发票，支付款项 10 000 元；

（2）销售 200 立升冰箱 1 000 台，发票注明每台不含税价格 1 000 元，款项已存入银行；

（3）支付电费，取得增值税专用发票，价款 25 000 元，税款 4 250 元；

（4）支付水费，取得增值税专用发票，价款 5 000 元，税款 300 元；

（5）销售自用的旧机器（增值税转型之后购入）一台，原价 10 000 元，售价 10 400 元；

（6）销售生产下脚料废料头一批，收取现金 1 170 元。

要求：根据以上经济业务编制会计分录。

2. 红叶卷烟厂委托 A 厂加工烟丝，卷烟厂和 A 厂均为增值税一般纳税人。卷烟厂提供烟叶 55 000 元，A 厂收取加工费 20 000 元，增值税 3 400 元。

要求：计算 A 厂应代扣代缴的消费税，并做相应的会计处理。

3. 企业在 1～4 年间每年应税收益分别为：－100 万元、40 万元、20 万元、

50万元，适用税率始终为25%，假设无其他暂时性差异。

要求：根据以上经济业务编写会计分录。

参考答案

一、单项选择题

1. D	2. D	3. A	4. B	5. C
6. B	7. B	8. C	9. C	10. A
11. C	12. A	13. A	14. D	15. A

二、多项选择题

1. ABCD	2. ABCD	3. CD	4. ACD	5. AD
6. CD	7. CD	8. BCD	9. AD	10. ABCD

三、简答题

答案略。

四、计算题

1.

(1) 当期免抵退税不得免征和抵扣税额＝200×(17%－13%)＝8(万元)

(2) 当期应纳税额＝100×17%－(34－8)－3＝17－26－3＝－12(万元)

(3) 出口货物免抵退税额＝200×13%＝26(万元)

(4) 按规定，如当期期末留抵税额≤当期免抵退税额时：

当期应退税额＝当期期末留抵税额

该企业当期应退税额＝12(万元)

(5) 当期免抵税额＝当期免抵退税额－当期应退税额

当期免抵税额＝26－12＝14(万元)

2.

(1) 旅游业务的营业税＝(50 000－10 000－6 000－1 000－500)×5%
＝1 625(元)

(2) 代办保险业务营业税＝3 000×5%＝150(元)

(3) 税控机抵免营业税＝1 200÷(1＋17%)×17%＝174.36(元)

(4) 当月应纳营业税＝1 625＋150－174.36＝1 600.64(元)

3.

(1) 实收资本增加应纳印花税＝1 000 000×0.5‰＝500(元)

账簿应纳印花税＝6×5＝30(元)

(2) 融资租赁合同应纳印花税＝3 000 000×0.05‰＝150(元)

(3) 以货换货合同应纳印花税＝(3 500 000＋4 500 000)×0.3‰＝2 400(元)

(4) 加工合同应纳印花税＝800 000×0.3‰＋(150 000＋200 000)×0.5‰
＝415(元)

(5) 技术合同先按 5 元计征印花税。

(6) 货运合同应纳印花税＝(80 000－5 000)×0.5‰＝37.5(元)

(7) 铁路运输合同应纳印花税＝200 000×1‰＝200(元)

(注：由于运输费和保管费用分不清，所以从高适用保管合同的税率 1‰进行计算。)

五、业务题

1. (1) 借：物资采购 10 000
    贷：银行存款 10 000

(2) 借：银行存款 1 170 000
  贷：主营业务收入 1 000 000
    应交税费——应交增值税（销项税额） 170 000

(3) 借：制造费用 25 000
  应交税费——应交增值税（进项税额） 4 250
  贷：银行存款 29 250

(4) 借：制造费用 5 000
  应交税费——应交增值税（进项税额） 300
  贷：银行存款 5 300

(5) 借：银行存款 10 400
  贷：固定资产清理 8 632
    应交税费——应交增值税（销项税额）(10 400×17%) 1 768

(6) 借：库存现金 1 170
  贷：其他业务收入 1 000
    应交税费——应交增值税（销项税额） 170

2.

(1) 发出材料时。

借：委托加工物资 55 000
 贷：原材料 55 000

(2) 支付加工费时。

借：委托加工物资 20 000
  应交税费——应交增值税（进项税额） 3 400
 贷：银行存款 23 400

(3) 支付代扣代缴消费税时。

代扣代缴消费税＝(55 000＋20 000)÷(1－30%)×30%＝32 143(元)

借：委托加工物资　　32 143
　　贷：银行存款　　32 143

(4) 加工的烟丝入库时。

借：库存商品　　107 143
　　贷：委托加工物资　　107 143

烟丝销售时，不再缴纳消费税。

3. 新准则要求采用当期确认法。

第1年。

借：递延所得税资产　　250 000
　　贷：所得税费用——补亏减税　　250 000

第2年。

借：所得税费用　　100 000
　　贷：递延所得税资产　　100 000

第3年。

借：所得税费用　　50 000
　　贷：递延所得税资产　　50 000

第4年。

借：所得税费用　　125 000
　　贷：递延所得税资产　　100 000
　　　　应交税费——应交所得税　　25 000

模拟试题四

试题

一、单项选择题（15 分，每题 1 分）

1. 目前采用超率累进税率的税种是（　　）。

A. 个人所得税　　　　B. 土地增值税

C. 契税　　　　D. 城市维护建设税

2. A 外贸公司当年 8 月份购进及出口情况如下：

（1）第一次购进电风扇 500 台，单价 150 元/台；第二次购进电风扇 200 台，单价 148 元/台（均已取得增值税专用发票）。

（2）将两次外购的电风扇 700 台报关出口，离岸单价 20 美元/台，此笔出口已收汇并做销售处理（美元与人民币比价为 1∶6，退税率为 13%）。该笔出口业务应退增值税为（　　）元。

A. 13 559　　B. 10 920　　C. 15 106　　D. 17 782

3. 按照现行消费税制度的规定，企业下列行为中，不征收消费税的是（　　）。

A. 用于广告宣传的样品啤酒

B. 委托加工收回后直接销售的人参酒

C. 抵债的化妆品

D. 用于本企业招待的卷烟

4. 下列不征营业税的收入是（　　）。

A. 福利彩票机构发行彩票的收入

B. 个人出租居住用房的收入

C. 电脑福利彩票投注点代销福利彩票取得的任何形式的手续费收入

D. 高等学校利用学校公寓为社会服务取得的收入

5. 个体工商户为一企业加工酒类产品，酒类产品的城建税应在（　　）缴纳。

A. 加工地　　B. 委托方所在地

C. 个体工商户所在地　　D. 双方协商

6. 赵某拥有两处房产，一处原值 60 万元的房产供自己及家人居住，另一处原值 20 万元的房产于当年 6 月 30 日出租给王某居住，按市场价每月取得租金收入 1 200 元，赵某当年应缴纳的房产税为（　　）元。

A. 288　　B. 576　　C. 840　　D. 864

7. 根据城镇土地使用税的有关规定，下列表述正确的是（　　）。

A. 城镇土地使用税由拥有土地所有权的单位或个人纳税

B. 土地使用权未确定或权属纠纷未解决的暂不缴纳税款

C. 土地使用权共有的，由共有各方分别按其使用面积纳税

D. 对外商投资企业和外国企业暂按实际使用面积纳税

8. 下列各项符合房产税纳税人规定的是（　　）。

A. 产权属于集体的，由集体单位缴纳房产税

B. 房屋产权出典的，由出典人缴纳

C. 产权属于国家的，不缴纳房产税

D. 产权纠纷未解决的，暂不缴纳

9. 土地增值额计算过程中，不准予按实际发生额扣除的项目是（　　）。

A. 房地产开发成本　　B. 地价款

C. 房地产开发费用　　D. 营业税税金

10. 当年 6 月，甲公司和乙公司签订一份水果冷藏合同，合同规定，甲公司用自己的冷藏设施代乙公司保管水果 300 吨，价值 300 万元，保管期间水果腐烂在 1%内的损失由乙公司负担，超过 1%的部分甲公司负责赔偿，保管期间 1 年，保管费 20 万元。则双方就该保管费应纳印花税合计为（　　）元。

A. 320　　B. 440　　C. 400　　D. 6 400

11. 下列关于契税纳税义务发生时间正确的是（　　）。

A. 办理房产过户的当天　　B. 签订房地产转让合同当天

C. 约定房地产转让当天　　D. 交付购房款当天

12. 某服装生产企业某年度取得生产经营收入总额 3 500 万元，发生销售成本 2 000 万元、财务费用 150 万元、管理费用 200 万元、销售费用 300 万元、缴纳增值税 60 万元、消费税 140 万元、城市维护建设税 14 万元、教育费附加 6 万元，“营业外支出”账户中赞助支出 10 万元、通过公益性社会团体向灾区捐赠 25 万元。该企业当年度应纳所得税额为（　　）万元。

A. 148.75　　B. 163.75

C. 166.25　　D. 151.25

13. 根据《企业所得税法》的规定，下列关于特殊收入确认的说法不正确的是（　　）。

A. 采取产品分成方式取得收入的，按照企业分得产品的日期确认收入的实现

B. 企业从事建筑、安装、装配工程业务，持续时间超过 12 个月的，按照纳税年度内完成的工作量确认收入的实现

C. 以分期收款方式销售货物的，按照合同约定的收款日期确认收入的实现

D. 采取产品分成方式取得收入的，其收入额按照产品的成本确定

14. 国内某作家的一篇小说先在某晚报连载 3 个月，每月取得稿酬 3 600 元，然后送交出版社出版，一次性取得稿酬 20 000 元。该作家因此需缴个人所得税（　　）元。

A. 416　　B. 3 449.6　　C. 3 752　　D. 4 009.6

15. 土地增值税纳税人如果不能按转让房地产项目计算分摊利息支出，其房地产开发费用按地价款加开发成本之和的（　　）计算扣除。

A. 5%以内　　B. 10%

C. 10%以内　　D. 20%以内

二、多项选择题（20 分，每题 2 分）

1. 我国现行税法体系中使用的累进税率形式有（　　）。

A. 比例税率　　B. 超额累进税率

C. 定额税率　　D. 超率累进税率

2. 一般纳税人外购货物所支付的运输费用，不能依 7%的扣除率计算进项税额的有（　　）。

A. 为购进固定资产而支付的运杂费

B. 购进免税农产品所发生的运输费用

C. 随同运费支付的装卸费、保险费

D. 并入销售额的代垫运费

3. 关于酒类产品消费税的征收，下列说法正确的有（　　）。

A. 啤酒、黄酒采用比例税率

B. 进口、委托加工、自产自用粮食白酒、薯类白酒，从量定额计税办法的计税依据分别为海关核定的进口征税数量、委托方收回数量、移送使用数量

C. 生产销售粮食白酒、薯类白酒，从量定额计税办法的计税依据为粮食白酒、薯类白酒的实际销售数量

D. 外购或委托加工已税酒和酒精生产的酒，外购酒及酒精已纳消费税税款

或受托方代收代缴的消费税税款不予抵扣

4. 关于营业税的扣缴义务人，下列陈述正确的有（　　）。

A. 委托金融机构发放贷款，以受托金融机构为扣缴义务人

B. 建筑业实行分包或转包，税款以总包人为扣缴义务人

C. 境外单位在境内发生应税行为，未设机构但有代理人的，以代理人为扣缴义务人

D. 个人转让专利权的，受让者为单位的，以该单位为扣缴义务人，受让者为个人的，由转让者自己缴纳

5. 关于城建税的适用税率，下列表述正确的有（　　）。

A. 城建税按纳税人所在地区的不同，设置了三档地区差别比例税率

B. 由受托方代收、代扣“三税”的纳税人可按纳税人缴纳“三税”所在地的规定税率就地缴纳城建税

C. 流动经营等无固定纳税地点的纳税人可按纳税人缴纳“三税”所在地的规定税率就地缴纳城建税

D. 城建税的税率是指纳税人应缴纳的城建税税额与纳税人实际缴纳的“三税”税额之间的比例

6. 下列可以计入进口货物完税价格的有（　　）。

A. 由买方负担的购货佣金

B. 由买方负担的包装材料费用和包装劳务费用

C. 由买方负担的在审查确定完税价格时与该货物视为一体的容器的费用

D. 与该货物的生产和向中华人民共和国境内销售有关的，在境外开发、设计等相关服务的费用

7. 以下赠与行为中不属于土地增值税征税范围的有（　　）。

A. 公益性赠与　　B. 赠与直系亲属

C. 承担直接赡养义务人　　D. 赠与要好的朋友

8. 下列对法人转让房地产纳税地点的说法正确的有（　　）。

A. 转让房地产坐落地与其机构所在地或经营所在地一致的，应在办理税务登记的原管辖税务机关申报纳税

B. 转让房地产坐落地与其机构所在地或经营所在地一致的，应在房地产坐落地税务机关申报纳税

C. 转让房地产坐落地与其机构所在地或经营所在地不一致的，应在办理税务登记的原管辖税务机关申报纳税

D. 转让房地产坐落地与其机构所在地或经营所在地不一致的，应在房地产坐落地所管辖的税务机关申报纳税

9. 根据企业所得税法的规定，下列说法正确的有（　　）。

A. 对在中国境内未设立机构、场所的居民企业应缴纳的所得税，由纳税人自行申报缴纳

B. 对非居民企业在中国境内取得劳务所得应缴纳的所得税，税务机关可以指定劳务费的支付人为扣缴义务人

C. 扣缴义务人每次代扣的税款，应当自代扣之日起 7 日内缴入国库

D. 应当扣缴的所得税，扣缴义务人未依法扣缴或者无法履行扣缴义务的，由企业在所得发生地缴纳

10. 根据企业所得税法的规定，下列关于企业所得税扣除项目的说法正确的有（　　）。

A. 企业按规定为自有小汽车缴纳保险费，准予扣除

B. 企业以经营租赁方式租入机器设备的租赁费，按照租赁期限均匀扣除

C. 企业发生的公益性捐赠支出，不超过销售（营业）收入总额 12%的部分，准予扣除

D. 企业转让固定资产发生的费用，允许扣除

三、简答题（15 分，第 1 小题 6 分，第 2 小题 9 分）

1. 试述出口货物退税的基本原则和含义。

2. 简述企业所得税法规定的不得从收入总额中扣除的项目。

四、计算题（20 分，第 1 题 6 分，第 2 题 6 分，第 3 题 8 分）

1. 某房地产开发公司，有自己的施工队（非独立核算），当年 10 月份发生如下业务：

（1）销售自建商品房一栋，取得销售收入 2 000 万元，其中包括代收城市基础设施配套费、集资兴建锅炉增容费 150 万元，工程成本 460 万元，成本利润率 10%。

（2）施工队为房地产开发公司建成自用办公楼一栋，施工队与房地产开发公司结算工程价款 3 000 万元。

（3）房地产开发公司所属施工队承包某安装、装饰工程，工程结算价款为 2 100 万元，其中包括安装制冷设备价款 150 万元，施工队自带的辅助性装饰材料 75 万元；另外，获建设单位奖励 60 万元。

要求：请按顺序回答下列问题：

（1）计算销售自建商品住宅应纳营业税。

（2）计算施工队完成的两项工程应纳营业税。

2. 某具有进出口经营权的企业发生以下进出口业务：

（1）把一项设备运往境外修理，设备价款 120 万元，修理费 10 万元，材料费 12 万元，运输费 2 万元，保险费 0.8 万元。

（2）以租赁方式进口一台设备，设备价款 200 万元，支付租金 20 万元。

(3) 免税进口一台设备，设备价款 160 万元，海关监管期 4 年，企业使用 18 个月转售。

上述设备、货物的进口关税税率均为 15%。

要求：计算各项业务应纳关税。

3. 某工业企业为居民企业，假定上年经营业务如下：

产品销售收入为 560 万元，产品销售成本 400 万元；其他业务收入 80 万元，其他业务成本 66 万元；固定资产出租收入为 6 万元；非增值税销售税金及附加 32.4 万元；当期发生的管理费用 86 万元，其中新技术的研究开发费用为 30 万元；财务费用 20 万元；取得直接投资于其他居民企业的权益性投资收益 34 万元（已在投资方所在地按 15%的税率缴纳了所得税）；营业外收入 10 万元，营业外支出 25 万元（含公益捐赠 18 万元）。

要求：计算企业该年度应纳的企业所得税。

五、业务题（30 分，每题 15 分）

1. 某增值税一般纳税人以管材制造为主业，某年 9 月发生以下业务：

(1) 外购一批原料（已入库），取得的增值税专用发票上注明货款 100 万元、税款 17 万元；货款已通过银行存款支付。

(2) 上月购进的一批货物因质量问题本月全部退货，取得红字专用发票并收到价税合计的退货款 48 万元。

(3) 受托加工一批应税消费品，收取加工费（不含税）20 万元并收回代委托方缴纳的消费税 2 万元。

(4) 销售自产货物，增值税专用发票上注明货款 300 万元，并随同收取包装物租金 5 万元和押金 8 万元（押金期限为 6 个月）。款项已存入银行。

(5) 外购原材料（货已入库，款项已存入银行），取得的增值税专用发票上注明税款 1.53 万元；委托某企业制作一批礼品，取得增值税专用发票注明制作费 3 万元，在当月销售货物时以赠送方式送出 60%。

(6) 从某汽配零售店购进小汽车零配件一批，并取得当地税务机关代开具的增值税专用发票，注明价款 10 万元，货已验收入库。

（相关增值税专用发票均通过税务机关认证并按规定期限申请抵扣。）

要求：根据以上经济业务编写会计分录。

2. 某房地产开发公司当年建造一幢普通标准住宅并出售，取得销售收入 800 万元，并按税法规定缴纳了有关税费（营业税税率 5%，城建税税率 7%，印花税税率 0.5‰，教育费附加征收率为 3%）。该公司为建此标准住宅而支付的地价款为 120 万元，投入的建楼成本为 350 万元，建楼所借银行贷款利息支出无法按项目分摊，房地产开发费用计提比例适用 10%。

要求：计算该房地产开发公司应缴纳的土地增值税并做相关的会计处理。

参考答案

一、单项选择题

1. B	2. B	3. B	4. A	5. B
6. A	7. C	8. A	9. C	10. C
11. B	12. C	13. D	14. B	15. C

二、多项选择题

1. BD	2. ACD	3. BCD	4. ABC	5. ACD
6. BCD	7. ABC	8. AD	9. BCD	10. ABD

三、简答题

答案略。

四、计算题

1.

(1) 销售自建商品住宅应缴纳“建筑业”和“销售不动产”两道营业税。销售不动产的营业税应包括代收费用在内。

销售自建商品住宅应缴纳建筑业营业税 $=460\times(1+10\%)\div(1-3\%)\times3\%$

$=15.65$(万元)

销售自建商品住宅应缴纳销售不动产营业税 $=2\,000\times5\%=100$(万元)

该公司销售自建商品住宅应纳营业税 $=15.65+100=115.65$(万元)

(2) 自2001年9月1日起，《营业税暂行条例实施细则》第11条中的“向对方收取货币、货物或其他经济利益”，指的是发生应税行为的独立核算单位或者独立核算单位内部非独立核算单位向本独立核算单位以外的单位和个人收取货币、货物或其他经济利益，不包括独立核算单位内部非独立核算单位从本独立核算单位内部收取货币、货物或其他经济利益。因此施工队为房地产开发公司建成自用的办公楼不征收营业税。但承包某安装、装饰工程取得的收入应纳营业税。施工单位向建设单位收取的奖励应计入营业额。

该公司施工队完成的两项工程应纳营业税 $=(2\,100+60)\times3\%=64.8$(万元)

2.

(1) 设备运往境外修理，关税完税价应为海关审定的修理费和料件费，不含其他费用。

应纳关税 $=(10+12)\times15\%=3.3$(万元)

(2) 以租赁方式进口货物，以租金方式支付的，租赁期间以海关审定的租金为完税价格。

应纳关税＝20×15%＝3(万元)

(3) 减税或免税进口的货物因改变规定用途需要补税，应当以原进口价格扣除折旧部分价值作为完税价格。

应纳关税＝160×(1－18÷48)×15%＝15(万元)

3. (1) 会计利润总额＝560＋80＋6＋34＋10－400－32.4－66－86－20－25
＝60.6(万元)

(2) 符合条件的居民企业之间的股息、红利等权益性投资收益属于免税收入，应调减应纳税所得额 34 万元。

(3) 技术开发费调减所得额＝30×50%＝15(万元)

(4) 捐赠扣除标准＝60.6×12%＝7.27(万元)

实际捐赠额 18 万元＞7.27 万元，按标准额扣除。

捐赠额应调增所得额＝18－7.27＝10.73(万元)

(5) 应缴纳企业所得税＝(60.6－34－15＋10.73)×25%＝5.58(万元)

五、业务题

1.

(1) 借：原材料　1 000 000
　　应交税费——应交增值税（进项税额）　170 000
　贷：银行存款　1 170 000

(2) 借：银行存款　480 000
　贷：原材料　410 256.41
　　应交税费——应交增值税（进项税额）　69 743.59

(3) 收取加工费时。

借：银行存款　234 000
　贷：其他业务收入　200 000
　　应交税费——应交增值税（销项税额）　34 000

收取代扣消费税时。

借：银行存款　20 000
　贷：应交税费——应交消费税　20 000

(4) 销售资产货物时。

借：银行存款　3 560 000
　贷：主营业务收入　3 042 735.04
　　应交税费——应交增值税（销项税额）　517 264.96

（注：包装物租金属于价外费用，含增值税，需要换算成不含增值税的销售额，并入货物的销售额计征增值税。）

收取包装物押金时。

借：银行存款　　80 000

　贷：其他应付款——备用金　　80 000

（5）外购原材料。

借：原材料　　90 000

　　应交税费——应交增值税（进项税额）　　15 300

　贷：银行存款　　105 300

支付加工费时。

借：委托加工物资　　30 000

　　应交税费——应交增值税（进项税额）　　5 100

　贷：银行存款　　35 100

将外购、委托加工的物资对外赠送时。

借：营业外支出　　85 464

　贷：产成品（30 000×60%）　　18 000

　　　原材料（15 300/17%×60%）　　54 000

　　　应交税费——应交增值税（销项税额）　　13 464

[注：销项税额＝(1.53÷17%＋3)×(1＋10%)×17%×60%]

（6）借：原材料——汽车零配件　　100 000

　　　　应交税费——应交增值税（进项税额）　　3 000

　　贷：银行存款　　103 000

2. 计算应缴纳的土地增值税。

（1）实现收入总额＝800（万元）

（2）扣除项目金额为：

支付地价款＝120(万元)

支付开发成本＝350(万元)

开发费用＝(120＋350)×10%＝47(万元)

扣除的税金＝800×5%×(1＋7%＋3%)＝44(万元)

印花税不得单独扣除。

加计扣除费用＝(120＋350)×20%＝94(万元)

扣除费用的总额＝120＋350＋47＋44＋94＝655(万元)

（3）增值额＝800－655＝145(万元)

（4）增值率＝145÷655×100%≈22%

(5) 应纳税额=145×30%=43.5(万元)

计提土地增值税时。

借：营业税金及附加　　435 000

　贷：应交税费——应交土地增值税　　435 000

实际缴纳土地增值税时。

借：应交税费——应交土地增值税　　435 000

　贷：银行存款　　435 000

图书在版编目(CIP)数据

《税务会计与税务筹划》(第六版) 学习指导书/张孝光编著. —北京：中国人民大学出版社，2012.12

21 世纪会计系列教材

ISBN 978-7-300-16823-4

Ⅰ.①税… Ⅱ.①张… Ⅲ.①税务会计-高等学校-教学参考资料②税务筹划-高等学校-教学参考资料 Ⅳ.①F810.42

中国版本图书馆 CIP 数据核字（2012）第 308676 号

21 世纪会计系列教材

《税务会计与税务筹划》(第六版) 学习指导书

张孝光 编著

盖 地 审阅

Shuiwu Kuaiji yu Shuiwu Chouhua Xuexi Zhidaoshu

出版发行	中国人民大学出版社		
社 址	北京中关村大街 31 号	**邮政编码**	100080
电 话	010－62511242（总编室）		010－62511398（质管部）
	010－82501766（邮购部）		010－62514148（门市部）
	010－62515195（发行公司）		010－62515275（盗版举报）
网 址	http://www.crup.com.cn		
	http://www.ttrnet.com（人大教研网）		
经 销	新华书店		
印 刷	北京东方圣雅印刷有限公司		
规 格	185 mm×260 mm 16 开本	**版 次**	2013 年 1 月第 1 版
印 张	14 插页 1	**印 次**	2013 年 1 月第 1 次印刷
字 数	260 000	**定 价**	28.00 元

教师教学服务说明

中国人民大学出版社工商管理分社以出版经典、高品质的工商管理、财务会计、统计、市场营销、人力资源管理、运营管理、物流管理、旅游管理等领域的各层次教材为宗旨。为了更好地服务于一线教师教学，近年来工商管理分社着力建设了一批数字化、立体化的网络教学资源。教师可以通过以下方式获得免费下载教学资源的权限：

（1）在"人大经管图书在线"（www. rdjg. com. cn）注册并下载"教师服务登记表"，或直接填写下面的"教师服务登记表"，加盖院系公章，然后邮寄或传真给我们。我们收到表格后将在一个工作日内为您开通相关资源的下载权限。

（2）如果您有"人大出版社教研服务网络"（http://www. ttrnet. com）会员卡，可以将卡号发到我们的电子邮箱，无须重复注册，我们将直接为您开通相关专业领域教学资源的下载权限。

如您需要帮助，请随时与我们联络：

中国人民大学出版社工商管理分社

联系电话：010－62515735，62515749，82501704

传真：010－62515732，62514775　　　　电子邮箱：rdcbsjg@crup. com. cn

通讯地址：北京市海淀区中关村大街甲 59 号文化大厦 1501 室（100872）

教师服务登记表

<table>
<tr><td>姓 名</td><td></td><td>□先生　□女士</td><td>职　　称</td><td colspan="2"></td></tr>
<tr><td>座机/手机</td><td colspan="2"></td><td>电子邮箱</td><td colspan="2"></td></tr>
<tr><td>通讯地址</td><td colspan="2"></td><td>邮　　编</td><td colspan="2"></td></tr>
<tr><td>任教学校</td><td colspan="2"></td><td>所在院系</td><td colspan="2"></td></tr>
<tr><td rowspan="3">所授课程</td><td>课程名称</td><td>现用教材名称</td><td>出版社</td><td>对象（本科生/研究生/MBA/其他）</td><td>学生人数</td></tr>
<tr><td></td><td></td><td></td><td></td><td></td></tr>
<tr><td></td><td></td><td></td><td></td><td></td></tr>
<tr><td colspan="2">需要哪本教材的配套资源</td><td colspan="4"></td></tr>
<tr><td colspan="2">人大经管图书在线用户名</td><td colspan="4"></td></tr>
<tr><td colspan="6">院/系领导（签字）：
院/系办公室盖章</td></tr>
</table>